Zentrum für Militärgeschichte und
Sozialwissenschaften der Bundeswehr

Trendradar 2021

Die öffentliche Meinung zur Sicherheits- und Verteidigungspolitik in der Bundesrepublik Deutschland 2010–2020

Timo Graf

Forschungsbericht 129

Oktober 2021

Impressum

Herausgeber: Zentrum für Militärgeschichte und Sozialwissenschaften der Bundeswehr
Verantwortlich für den Inhalt ist der Autor
Anschrift: Zeppelinstraße 127/128, 14471 Potsdam
Tel.: 0331 9714 404
E-Mail: zmsbwmilitaersoziologie@bundeswehr.org
www.zmsbw.de

Projektnummer: 7138-01
ISBN: 978-3-941571-47-1
URN: https://nbn-resolving.org/urn:nbn:de:kobv:po79-opus4-5104
DOI: https://doi.org/10.48727/opus4-510

Inhaltsverzeichnis

1 Vorbemerkung

Das Bundesministerium der Verteidigung (BMVg, Referat FüSK III 3) beauftragte das Zentrum für Militärgeschichte und Sozialwissenschaften der Bundeswehr (ZMSBw) am 15. Februar 2021 mit der Erstellung eines Forschungsberichts zur Entwicklung der öffentlichen Meinung in der Bundesrepublik Deutschland zu sicherheits- und verteidigungspolitischen Themen. Als Beobachtungszeitraum wurden die Jahre 2010 bis 2020 gewählt. Folgende Themenauswahl wurde getroffen:

- Einstellungen zur deutschen Außen- und Sicherheitspolitik;
- Einstellungen zur NATO und zur EU-Verteidigungszusammenarbeit;
- Einstellungen zur Höhe der Verteidigungsausgaben und zum militärischen Personalumfang der Bundeswehr;
- Haltungen der Bürgerinnen und Bürger zur Bundeswehr;
- Wahrnehmung der Bundeswehr in der Öffentlichkeit;
- Einstellungen zu den Aufgaben der Bundeswehr;
- Kenntnisstand über und Zustimmung zu den Auslandseinsätzen der Bundeswehr.

Die Auswertung der öffentlichen Meinung zu diesen Themen erfolgte auf Basis der repräsentativen Bevölkerungsbefragung des ZMSBw. Diese wird seit 1996 jährlich durchgeführt und stellt damit die längste Zeitreihe sicherheits- und verteidigungspolitischer Umfragen in Deutschland dar.[1] Der vorliegende Forschungsbericht beschreibt die Entwicklung der öffentlichen Meinung zur Bundeswehr und zu ausgewählten Themen der deutschen Sicherheits- und Verteidigungspolitik im Zeitverlauf (2010 bis 2020). Die Analyse beschränkt sich dabei auf Fragen und Aussagen mit einem hohen Grad der Vergleichbarkeit, d.h. die Fragen oder Aussagen sind identisch oder nahezu identisch formuliert. Ebenso ist die Vergleichbarkeit der entsprechenden Antwortoptionen (Formulierung und Anzahl) gewährleistet. Es war nicht das Ziel der vorliegenden Untersuchung, mögliche Einflussfaktoren auf die öffentliche Meinung zu identifizieren. Ausführlichere Auswertungen der ZMSBw-Bevölkerungsbefragungen – darunter auch Analysen zu Zusammenhängen – finden sich in den entsprechenden jährlich publizierten Forschungsberichten „Sicherheits- und verteidigungspolitisches Meinungsbild in der Bundesrepublik Deutschland“.[2] Der vorliegende Bericht wurde dem BMVg im März 2021 zur Auswertung vorgelegt und im Oktober 2021 nach Freigabe der Publikation veröffentlicht.

---

1 Bis zum Jahr 2012 wurden die Bevölkerungsbefragungen vom Sozialwissenschaftlichen Institut der Bundeswehr (SOWI) durchgeführt. Bei älteren Umfragen wird im Folgenden nicht explizit darauf hingewiesen, dass die Daten vom SOWI stammen.

2 Die Forschungsberichte der Bevölkerungsbefragungen stehen auf dem ZMSBw-Publikationsserver zur Verfügung: <https://opus4.kobv.de/opus4-zmsbw/solrsearch/index/search/searchtype/series/id/3>.

2 Analyseergebnisse

Für die öffentliche Meinung in Deutschland zur Sicherheits- und Verteidigungspolitik sind für die Jahre 2010–2020 folgende Trends zu beobachten:

2.1 Einstellungen zur deutschen Außen- und Sicherheitspolitik

Seit 2014 unterstützt eine absolute Mehrheit der Bürgerinnen und Bürger eine aktive deutsche Außenpolitik. Während Ausbildungs- und Stabilisierungseinsätze der Bundeswehr mehrheitlich akzeptierte Mittel der deutschen Außen- und Sicherheitspolitik sind, werden mögliche Kampfeinsätze der Bundeswehr eher skeptisch betrachtet.

Ausrichtung der deutschen Außenpolitik

Danach gefragt, wie sich Deutschland in der internationalen Politik am ehesten verhalten sollte, plädiert im Jahr 2020 eine absolute Mehrheit von 58 Prozent der Befragten dafür, dass Deutschland eher bei der Bewältigung von Problemen, Krisen und Konflikten mithelfen sollte, während sich 36 Prozent dafür aussprechen, dass Deutschland sich eher aus Problemen, Krisen und Konflikten heraushalten sollte (vgl. Abbildung 1). Damit hat sich die Zustimmung der Bürgerinnen und Bürger für eine aktive deutsche Außenpolitik in den letzten vier Jahren kaum verändert.

Für den gesamten Zeitraum zeigt sich zunächst, dass bis zum Jahr 2013 Ablehnung und Zuspruch zu einer aktiven Außenpolitik in der deutschen Bevölkerung ähnlich stark ausgeprägt waren. Im Jahr 2014 stieg der Zuspruch zu einer aktiven deutschen Außenpolitik um 16 Prozentpunkte gegenüber dem Vorjahr und nahm im Jahr darauf nochmals um 7 Prozentpunkte zu: Im Jahr 2015 stimmten 66 Prozent der Befragten einer aktiven deutschen Außenpolitik zu. Das ist der mit Abstand höchste Wert seit Beginn der Erhebung dieser Frage im Jahr 2000 (vgl. Graf 2021: 51). In den Jahren 2016 und 2017 ging der öffentliche Zuspruch zu einer aktiven deutschen Außenpolitik leicht zurück, bleibt aber seit 2017 auf einem hohen Niveau stabil, das deutlich über dem der Jahre vor 2014 liegt. Auffällig ist zudem, dass sich der Anteil der Befragten, die keine Meinung zu dieser Frage haben oder keine Antwort geben wollen oder können, seit 2014 deutlich verringert hat. Seit 2014 hat sich also eine spürbare und vor allem nachhaltige Änderung in der Einstellung der Bürgerinnen und Bürger zur Ausrichtung der deutschen Außenpolitik vollzogen: Die Mehrheit unterstützt eine aktive und verantwortungsvolle deutsche Außenpolitik.

Abbildung 1: Ausrichtung der deutschen Außenpolitik

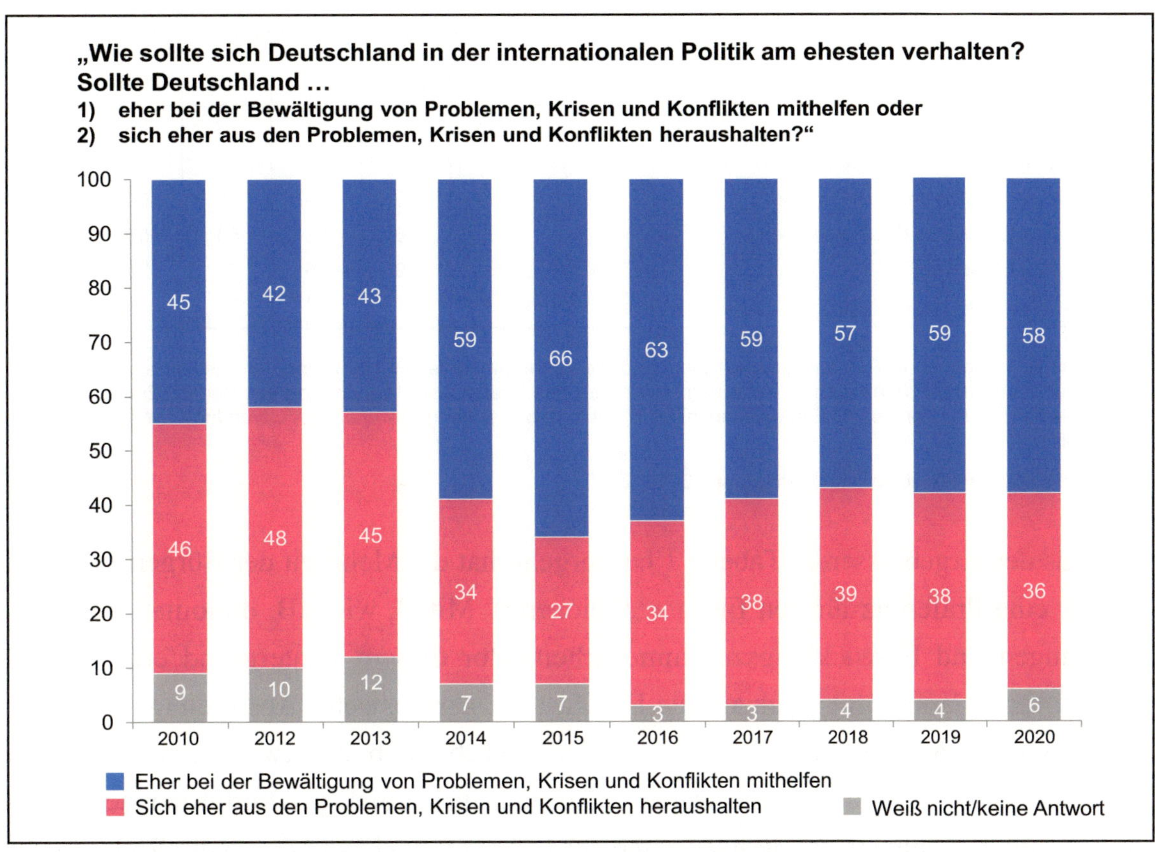

Anmerkungen: Angaben in Prozent. Nicht alle Prozentangaben ergeben in der Summe 100 Prozent, da die Einzelwerte gerundet wurden. Bis 2013 lautete die Formulierung der Antwortoptionen: „1) eher eine aktive Politik verfolgen und bei der Bewältigung von Problemen, Krisen und Konflikten mithelfen oder; 2) sich eher auf die Bewältigung der eigenen Probleme konzentrieren und sich aus Problemen, Krisen und Konflikten anderer möglichst heraushalten“. 2014 wurde die Formulierung von Antwortoption 2) geändert: „2) eher eine passive Politik verfolgen und sich aus Problemen, Krisen und Konflikten anderer möglichst heraushalten“. 2015 wurden zwei Antwortformulierungen abgefragt: Split A: „1) eher bei der Bewältigung von Problemen, Krisen und Konflikten mithelfen oder; 2) sich eher aus Problemen, Krisen und Konflikten anderer heraushalten“; Split B: „1) eher eine aktive Politik verfolgen und bei der Bewältigung von Problemen, Krisen und Konflikten mithelfen oder; 2) sich eher auf die Bewältigung der eigenen Probleme konzentrieren und sich aus den Problemen, Krisen und Konflikten anderer möglichst heraushalten“. Ein Vergleich der Daten aus dem Jahr 2015 zeigt, dass sich die Antwortverteilung zwischen den beiden Formulierungen nicht signifikant unterscheidet. 2019 wurden erneut zwei Formulierungen getestet: Die Frageformulierung der Antwortoption 2) wurde der Hälfte der Befragten mit dem Zusatz „... Konflikten anderer“ gestellt (Split A) und der anderen Hälfte der Befragten ohne den Zusatz „anderer“ (Split B). Die Antwortverteilung unterschied sich zwischen den Formulierungen nicht statistisch signifikant. 2011 wurde die Frage nicht erhoben.

Datenbasis: ZMSBw-Bevölkerungsbefragungen 2010–2020.

Mittel in der Außen- und Sicherheitspolitik

Seit 2016 werden die Umfrageteilnehmerinnen und -teilnehmer gefragt, welche Mittel Deutschland in der Außen- und Sicherheitspolitik einsetzen sollte. Die in Tabelle 1 dargestellten Mittel ermöglichen einen Vergleich zwischen militärischen Mitteln mit Bezug zur Bundeswehr einerseits und zivilen Instrumenten der Außenpolitik andererseits.

Tabelle 1: Mittel der Außen- und Sicherheitspolitik

„Und was meinen Sie, welche Mittel sollte Deutschland in der Außen- und Sicherheitspolitik einsetzen?“					
	2016	**2017**	**2018**	**2019**	**2020**
Diplomatische Verhandlungen	81	84	85	85	81
Entwicklungshilfe[1]	74	71	62	71	71
Ausbildungseinsätze der Bundeswehr	60	59	59	60	64
Stabilisierungseinsätze der Bundeswehr	56	56	54	56	61
Wirtschaftssanktionen	52	56	54	56	57
Kampfeinsätze der Bundeswehr	31	34	27	27	33

Anmerkungen: Angaben in Prozent. Ausgewiesen sind die zusammengefassten Antwortanteile „stimme völlig zu“ und „stimme eher zu“. [1]Der Fragebogen enthält einen Hinweis für den Interviewer, dass der korrekte Begriff „Entwicklungszusammenarbeit“ heißt. Der Begriff „Entwicklungshilfe“ findet in den Fragebögen weiterhin Verwendung, weil er allgemein verständlich ist.

Datenbasis: ZMSBw-Bevölkerungsbefragungen 2016–2020.

Wie aus den Ergebnissen in Tabelle 1 hervorgeht, hat die Mehrheit der Bürgerinnen und Bürger eine Präferenz für den Einsatz „weicherer“ Mittel, wie z.B. diplomatische Verhandlungen und Entwicklungszusammenarbeit. Vor diesem Hintergrund erfolgt auch eine Differenzierung mit Blick auf die Einsätze der Bundeswehr: Ausbildungs- und Stabilisierungseinsätze der Bundeswehr werden mehrheitlich befürwortet, nicht jedoch Kampfeinsätze.[3] Die Streitkräfte werden also nicht prinzipiell als Mittel der deutschen Außenpolitik abgelehnt, sondern lediglich der Einsatz von Gewalt durch die Bundeswehr wird nicht mehrheitlich unterstützt. Diese Präferenzen der Bürgerinnen und Bürger hinsichtlich der Mittel der deutschen Außen- und Sicherheitspolitik sind seit Beginn der Erhebung im Jahr 2016 stabil, d.h. auch wenn sich die Zustimmungswerte zu den einzelnen Mitteln von Jahr zu Jahr leicht verändern, so ist die Rangfolge der Mittel im gesamten Betrachtungszeitraum unverändert geblieben.

2.2 Einstellungen zur NATO und zur EU-Verteidigungszusammenarbeit

Eine große Mehrheit der Bürgerinnen und Bürger spricht sich für Deutschlands Engagement und Mitgliedschaft in der NATO aus. Ähnlich stark ausgeprägt ist auch die öffentliche Zustimmung zur EU-Verteidigungszusammenarbeit. Beides sind gefestigte Meinungsbilder, die im Zeitverlauf nur geringfügigen Schwankungen unterliegen.

---

3 Wichtig ist die Feststellung, dass es sich hierbei nicht um die Zustimmung zu konkreten Einsätzen der Bundeswehr handelt, sondern um die prinzipielle Zustimmung zu verschiedenen Kategorien von (möglichen) Auslandseinsätzen der Bundeswehr als Mittel der deutschen Außen- und Sicherheitspolitik. Die Zustimmung der Bürgerinnen und Bürger zu konkreten Auslandseinsätzen der Bundeswehr ist davon unabhängig zu betrachten (siehe Abschnitt 2.7).

Einstellungen zur NATO

Als kollektives Verteidigungsbündnis gewährleistet die NATO seit 70 Jahren den militärischen Schutz Europas. Deutschlands Sicherheit ist untrennbar mit der seiner Bündnispartner verbunden und die deutsche Bevölkerung weiß um die herausragende Bedeutung der NATO für die Sicherheit Deutschlands. Die Einstellung zu Deutschlands Mitgliedschaft und Engagement in der NATO wird in den ZMSBw-Bevölkerungsbefragungen seit 2016 erhoben (vgl. Tabelle 2). Die Auswertung dieser Daten zeigt: Im gesamten Betrachtungszeitraum vertritt eine klare Mehrheit der Bürgerinnen und Bürger die Auffassung, dass Deutschland sich sicherheits- und verteidigungspolitisch vorrangig in der NATO engagieren sollte (58 bis 60 Prozent). Noch größer fällt die Zustimmung in der Bevölkerung zu der Aussage aus, Deutschland müsse auch weiterhin der NATO angehören, um seine Sicherheit zu gewährleisten. Diese Auffassung vertreten im gesamten Erhebungszeitraum nahezu drei Viertel der Bürgerinnen und Bürger (71 bis 75 Prozent). Die Zustimmung zu Deutschlands Mitgliedschaft und Engagement in der NATO ist nicht nur stark ausgeprägt, sondern auch äußerst stabil, denn die im Erhebungszeitraum auftretenden Schwankungen in den Zustimmungswerten sind minimal und liegen im Bereich des statistischen Messfehlers. Das klare Bekenntnis der deutschen Bevölkerung zur NATO hat während der US-Präsidentschaft von Donald Trump offenkundig nicht nachgelassen.

Tabelle 2: Einstellungen zur NATO

„Bitte sagen Sie mir zu jeder dieser Aussagen, ob Sie ihr völlig zustimmen, eher zustimmen, teils zustimmen/teils ablehnen, eher ablehnen oder ob Sie diese völlig ablehnen?“					
	2016	**2017**	**2018**	**2019**	**2020**
Deutschland sollte sich sicherheits- und verteidigungspolitisch vorrangig in der NATO engagieren.	58	60	58	59	60
Deutschland muss auch weiterhin der NATO angehören, um seine Sicherheit zu gewährleisten.	74	75	74	72	71

Anmerkungen: Angaben in Prozent. Ausgewiesen sind die zusammengefassten Antwortanteile „stimme völlig zu“ und „stimme eher zu“.

Datenbasis: ZMSBw-Bevölkerungsbefragungen 2016–2020.

Einstellungen zur EU-Verteidigungszusammenarbeit

Der europäischen Verteidigungszusammenarbeit im institutionellen Rahmen der Europäischen Union kommt seit 2014 in der europäischen Politik und in der deutschen Verteidigungspolitik eine größere Bedeutung zu. Dieser Bedeutungszuwachs spiegelt sich auch in der sukzessiven Ausweitung der Fragen zu diesem Themenkomplex in den ZMSBw-Bevölkerungsbefragungen wider. Bis 2016 enthielt der Fragebogen noch keine Fragen zur EU-Verteidigungszusammenarbeit, im Jahr 2016 waren es zwei und seit 2017 sind es vier Fragen. Dieser Kernbestand wird zudem in einzelnen Erhebungsjahren um Fragen zu speziellen Themen ergänzt (z.B. zur zukünftigen Organisation der europäischen Streitkräfte).

Die Ergebnisse in Tabelle 3 offenbaren, dass die EU-Verteidigungszusammenarbeit in der deutschen Bevölkerung insgesamt großen Zuspruch erfährt und dass dieses positive Meinungsbild im gesamten Betrachtungszeitraum stabil ist. Am größten ist die Zustimmung zu einer gemeinsamen Sicherheits- und Verteidigungspolitik (66 bis 71 Prozent), gefolgt vom Auftreten der EU als eigenständiger sicherheits- und verteidigungspolitischer Akteur (55 bis 60 Prozent) und der Schaffung einer EU-Armee (46 bis 49 Prozent). Die Schaffung einer gemeinsamen europäischen Armee ist der einzige der abgefragten Aspekte, der nicht die Zustimmung einer absoluten, sondern nur einer relativen Mehrheit erhält. Darüber hinaus ist eine klare Mehrheit der Bürgerinnen und Bürger der Auffassung, Deutschland sollte sich sicherheits- und verteidigungspolitisch vorrangig gemeinsam mit den Staaten der EU engagieren (63 bis 68 Prozent).[4] Die im Betrachtungszeitraum auftretenden Schwankungen in den Zustimmungswerten zu den vier Aussagen liegen jeweils im Bereich des statistischen Messfehlers.

Tabelle 3: Einstellungen zur EU-Verteidigungszusammenarbeit

„Im Folgenden finden Sie einige weitere Aussagen zur Außen- und Sicherheitspolitik. Bitte sagen Sie mir zu jeder dieser Aussagen, ob Sie ihr völlig zustimmen, eher zustimmen, teils zustimmen/teils ablehnen, eher ablehnen oder ob Sie diese völlig ablehnen?"					
	2016	**2017**	**2018**	**2019**	**2020**
Deutschland sollte sich sicherheits- und verteidigungspolitisch vorrangig gemeinsam mit den Staaten der EU engagieren.	64	68	65	63	65
Die EU sollte als eigenständiger verteidigungs- und sicherheitspolitischer Akteur auftreten.	55	60	57	55	57
Die EU sollte eine gemeinsame Sicherheits- und Verteidigungspolitik haben.	–	71	69	69	66
Die EU sollte eine gemeinsame europäische Armee haben.	–	47	49	46	47

Anmerkungen: Angaben in Prozent. Ausgewiesen sind die zusammengefassten Antwortanteile „stimme völlig zu" und „stimme eher zu".

Datenbasis: ZMSBw-Bevölkerungsbefragungen 2016–2020.

2.3 Einstellungen zur Höhe der Verteidigungsausgaben und zum Personalumfang der Bundeswehr

Das Jahr 2014 erweist sich auch für die Einstellungen der Bevölkerung zur Höhe der Verteidigungsausgaben und zur Zahl der Soldatinnen und Soldaten der Bundeswehr als Wendepunkt: Sprach sich im Zeitraum von 2010 bis 2013 nur jeweils eine Minderheit für entsprechende Erhöhungen aus, sind es seit 2015 absolute oder relative Mehrheiten.

4 Dieser Befund steht nicht im Widerspruch zur öffentlichen Zustimmung zu Deutschlands sicherheits- und verteidigungspolitischem Engagement in der NATO (vgl. Tabelle 2). Weiterführende Untersuchungen zeigen, dass diese beiden Einstellungen in einer positiven Beziehung zueinander stehen (Graf 2020: 51–52).

Einstellung zur Höhe der Verteidigungsausgaben

In den Jahren 2010 bis 2013 befürwortete im Durchschnitt nur ein Fünftel der Bürgerinnen und Bürger eine Erhöhung der Verteidigungsausgaben, während die Hälfte dafür plädierte, die Ausgaben gleich zu halten, und ein Fünftel eine Verringerung des Verteidigungshaushalts forderte (vgl. Abbildung 2). Das Jahr 2014 markierte mit der russischen Annexion der Krim, dem Beginn des Bürgerkrieges in der Ukraine, dem Erstarken des sogenannten Islamischen Staates in Syrien und im Irak sowie dem Fokus des Elitendiskurses in Deutschland auf die gewachsene Verantwortung des Landes (z.B. während der Münchener Sicherheitskonferenz 2014) einen Wendepunkt für die Einstellung der deutschen Bevölkerung zur Entwicklung des Verteidigungsetats: 2014 sprachen sich bereits 32 Prozent für erhöhte Ausgaben aus (+13 Prozentpunkte im Vergleich zu 2013), während mit 46 Prozent die relative Mehrheit noch immer für einen Erhalt des Ausgabenniveaus war. Ab 2015 befürwortete dann eine absolute bzw. relative Mehrheit der Bürgerinnen und Bürger höhere Ausgaben für die Streitkräfte. Zwar sinkt die Zustimmung zu einer Erhöhung der Verteidigungsausgaben seit 2018 leicht, bleibt aber immer noch deutlich über dem durchschnittlichen Niveau der Jahre vor 2015.[5]

Insgesamt ist das Meinungsbild zu den Verteidigungsausgaben im Zeitverlauf beachtlich volatil, was sich vor allem durch Ereignisse und Veränderungen der sicherheitspolitischen Lage erklären lässt – ein Beleg für das Konzept der „rationalen Öffentlichkeit“ (Steinbrecher 2021: 202–205). Das Konzept besagt, dass die öffentliche Meinung auf der Aggregatebene rational und objektiv nachvollziehbar auf politische Ereignisse und Entscheidungen der Eliten reagiert („rational public“, z.B. Isernia et al. 2002; Page/Shapiro 1992; Shapiro/Page 1988).

---

5 Für die Einordnung der in diesem Abschnitt präsentierten Ergebnisse ist der Hinweis wichtig, dass die Befragten durch die verwendete Fragestellung nicht zu einer Abwägung von Ausgaben für verschiedene Politikbereiche gezwungen werden. Aufgrund haushaltsbezogener Restriktionen ist es aber für Parlament und Regierung selbst bei sehr guter Wirtschafts- und Arbeitsmarktlage notwendig, eine solche Abwägung und die Festlegung von Prioritäten für unterschiedliche Politikbereiche oder politische Programme vorzunehmen. Die Auswirkungen der Corona-Pandemie sind zwar noch nicht vollends abzusehen, aber wegen der umfangreichen Neuverschuldung des Bundes ist in den nächsten Jahren mit deutlichen finanziellen Restriktionen und verstärkten Einspar- und Kürzungsbemühungen zu rechnen. Diese könnten sich sowohl auf die politischen Entscheidungen zu Verteidigungsetat und Personalstärke als auch auf die gesellschaftlichen Haltungen zu diesen Fragen auswirken. Die entsprechende Forschung zeigt, dass Bürgerinnen und Bürger ebenfalls Abwägungen zwischen Politikfeldern durchführen (z.B. Wlezien 1995) und das Politikfeld Verteidigung und Sicherheit im Vergleich zu Sozial- oder Bildungspolitik geringere Priorität besitzt.

Abbildung 2: Einstellung zur Höhe der Verteidigungsausgaben

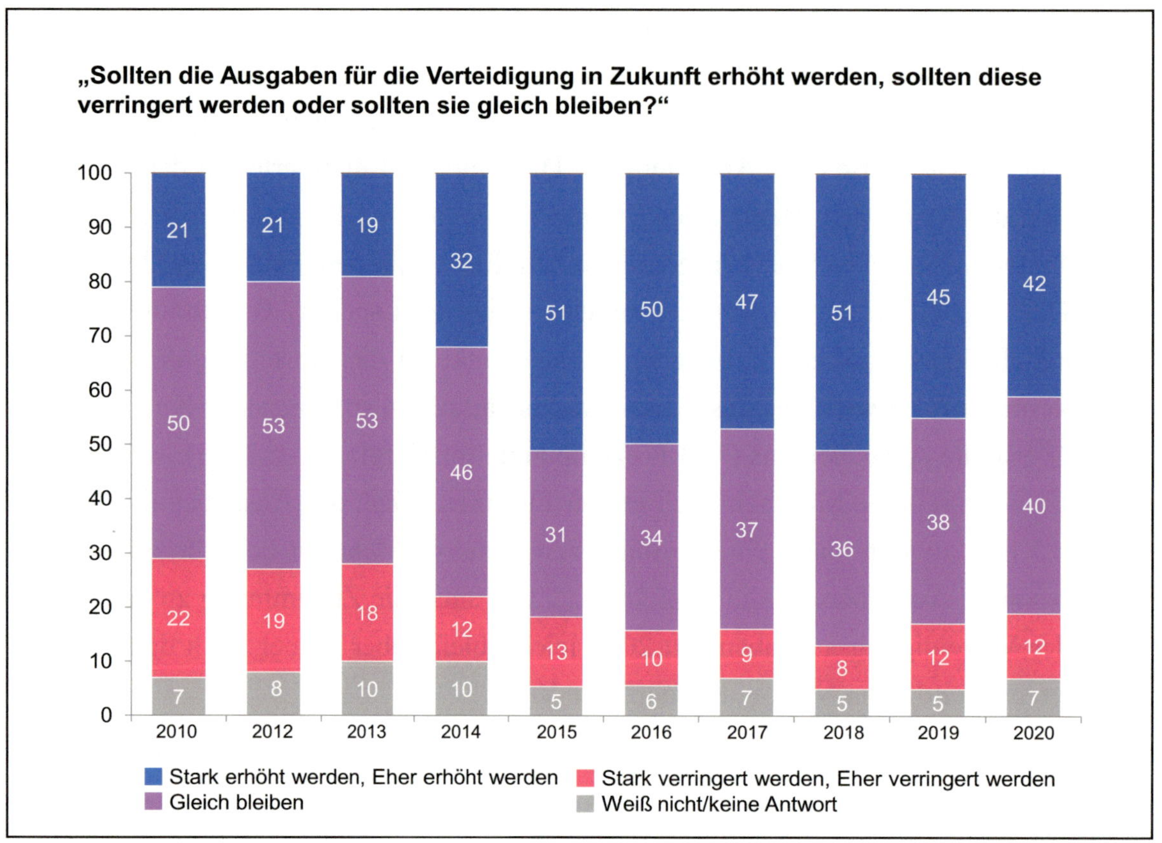

Anmerkungen: Angaben in Prozent. Nicht alle Prozentangaben ergeben in der Summe 100 Prozent, da die Einzelwerte gerundet wurden. 2011 wurde die Frage nicht erhoben.

Datenbasis: ZMSBw-Bevölkerungsbefragungen 2010–2020.

Einstellung zum militärischen Personalumfang der Bundeswehr

Neben den Budgetpräferenzen werden die Bürgerinnen und Bürger in der Bevölkerungsumfrage des ZMSBw stets danach gefragt, ob die Zahl der Soldatinnen und Soldaten in Zukunft erhöht, verringert werden oder gleich bleiben sollte (vgl. Abbildung 3). In den Jahren 2012 und 2013 sprach sich etwas mehr als die Hälfte der Bevölkerung dafür aus, die Zahl der Soldatinnen und Soldaten der Bundeswehr gleich zu halten, während ein knappes Fünftel für eine Verringerung plädierte und ein Fünftel eine Erhöhung begrüßte. Im Zeitraum 2014 bis 2016 vollzog sich dann eine deutliche Wende im Meinungsbild: Innerhalb von nur drei Jahren stieg der Zuspruch zu einer Erhöhung der Zahl der Soldatinnen und Soldaten der Bundeswehr um 34 Prozentpunkte. Im Jahr 2016 erreichte die Zustimmung der Bürgerinnen und Bürger für eine Erhöhung des militärischen Personalumfangs der Bundeswehr einen Höchstwert von 52 Prozent. Seitdem sinkt die öffentliche Zustimmung zur Erhöhung des Personalumfangs leicht, aber beständig. Im Jahr 2020 liegt der Zustimmungswert mit 42 Prozent 10 Prozentpunkte unter dem Höchstwert von 2016 und die Bevölkerung teilt sich in zwei gleich große Gruppen: diejenigen, die eine weitere Erhöhung fordern, und diejenigen, die den Personalumfang der Bundeswehr gleich halten wollen. Unabhängig davon ist festzustellen, dass seit 2014 nur ein geringer

Anteil der Befragten (7 bis 14 Prozent) dafür plädiert, die Zahl der Soldatinnen und Soldaten der Bundeswehr zu verringern.

Die Entwicklung der öffentlichen Meinung zum Personalaufwuchs der Bundeswehr verläuft unverkennbar parallel zur Einstellung zur Höhe der Verteidigungsausgaben. Dies spricht dafür, dass die Befragten beide Themen als zwei Seiten derselben Medaille sehen. Ersichtlich wird dies an einem starken positiven Zusammenhang zwischen beiden Einstellungen (2020: Korrelationskoeffizient Pearsons $r = 0{,}77$, $p < 0{,}001$): Befragte, die sich für höhere Verteidigungsausgaben aussprechen, plädieren auch für einen personellen Kräfteaufwuchs.

Abbildung 3: Einstellung zum militärischen Personalumfang der Bundeswehr

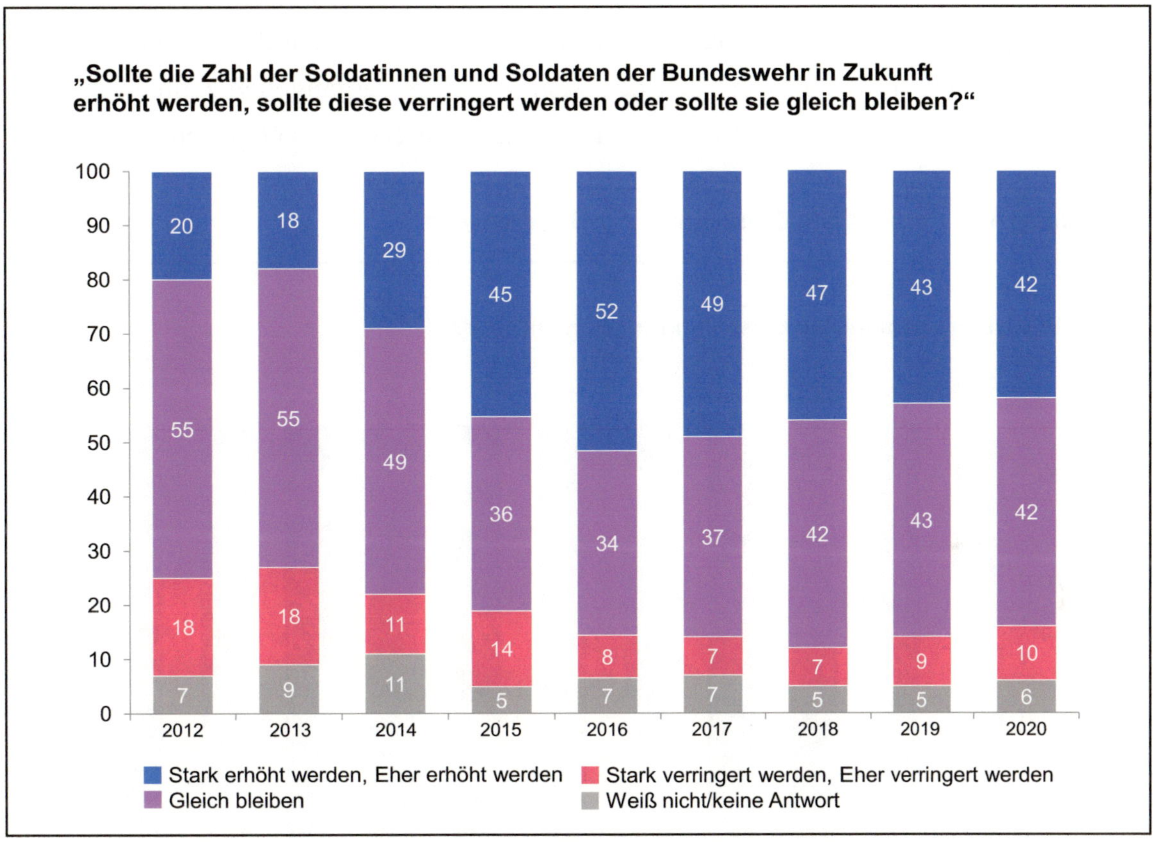

Anmerkungen: Angaben in Prozent. Nicht alle Prozentangaben ergeben in der Summe 100 Prozent, da die Einzelwerte gerundet wurden. 2010 und 2011 wurde die Frage nicht erhoben.

Datenbasis: ZMSBw-Bevölkerungsbefragungen 2012–2020.

2.4 Haltungen der Bürgerinnen und Bürger zur Bundeswehr

Mit einer Reihe verschiedener Indikatoren werden in der ZMSBw-Bevölkerungsbefragung die Haltungen der Bürgerinnen und Bürger zur Bundeswehr erfasst. Die Befunde attestieren der Bundeswehr seit vielen Jahren ein hohes gesellschaftliches Renommee. Auch das Verhältnis zwischen Bundeswehr und Gesellschaft wird seit Jahren mehrheitlich positiv bewertet. Dennoch vertreten immer mehr Bürgerinnen und Bürger die Auffassung, die Bundeswehr unternehme nicht genug, um mit der Gesellschaft in Kontakt zu bleiben.

Persönliche Einstellung zur Bundeswehr

Seit 2010 geben mindestens drei Viertel der Bürgerinnen und Bürger an, eine positive Einstellung zur Bundeswehr zu haben (vgl. Abbildung 4).[6] Im Jahr 2020 erreicht die positive Einstellung mit 82 Prozent den höchsten Wert der vergangenen zehn Jahre.[7] Die positive Grundhaltung der Bevölkerung zur Bundeswehr erweist sich als äußerst stabil.

Abbildung 4: Persönliche Einstellung zur Bundeswehr

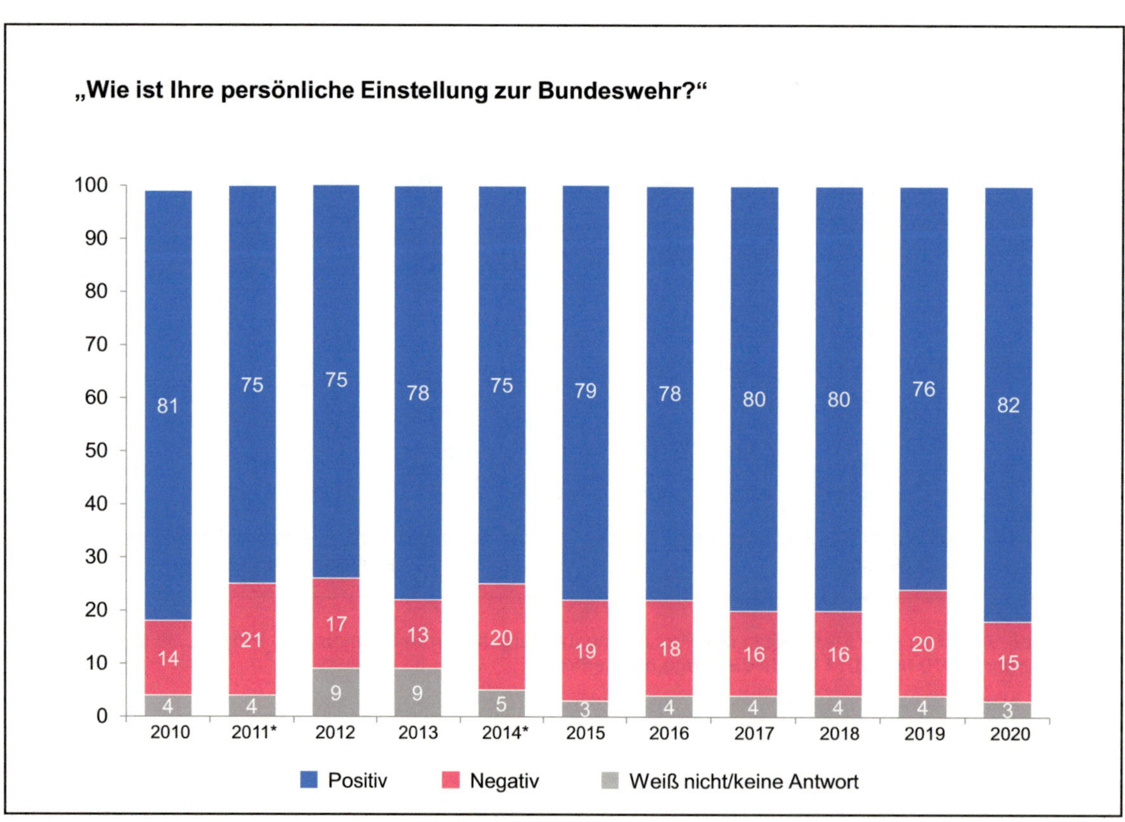

Anmerkungen: Angaben in Prozent. Nicht alle Prozentangaben ergeben in der Summe 100 Prozent, da die Einzelwerte gerundet wurden. Alle positiven und negativen Antwortmöglichkeiten wurden jeweils zusammengefasst. *Nur eingeschränkt vergleichbare Daten erhoben (unterschiedliche Antwortskala/Erhebungsmethode).

Datenbasis: ZMSBw-Bevölkerungsbefragungen 2010–2020.

6 Dieser Befund gilt sogar für alle Erhebungsjahre seit 2000 (vgl. Biehl 2021a: 126).

7 In den Jahren 2007 und 2009 lagen die Werte mit 83 Prozent noch etwas höher (ebd.).

Wahrgenommene Wichtigkeit der Bundeswehr

Ein weiterer Indikator für die Bewertung der zivil-militärischen Beziehungen ist die Frage nach der Wichtigkeit der Bundeswehr für Deutschland (vgl. Abbildung 5). Über den gesamten Erhebungszeitraum dieses Indikators (seit 2013) wird 2020 ein vergleichsweise niedriger Wert erreicht. Allerdings bewegt sich der zusammengefasste Anteil für die Antworten „sehr wichtig“ und „eher wichtig“ im gesamten Zeitraum in einem recht engen Band zwischen 70 und 79 Prozent – ein weiterer Beleg für die Stabilität der positiven Einstellung der Bevölkerung zur Bundeswehr. Im Jahr 2014 wurde der Höchstwert verzeichnet: 79 Prozent der deutschen Bevölkerung empfanden die Bundeswehr als wichtig für Deutschland. Bemerkenswert sind der vergleichsweise starke Rückgang im Jahr 2015 (-9 Prozentpunkte im Vergleich zu 2014) und der erneut starke Anstieg im Jahr 2016 (+8 Prozentpunkte im Vergleich zu 2015). Seit 2017 ist ein leichter, aber beständiger Rückgang in der wahrgenommenen Wichtigkeit der Bundeswehr zu beobachten. Dieser negative Trend konnte im Jahr 2020 vorerst gestoppt werden.

Abbildung 5: Wahrgenommene Wichtigkeit der Bundeswehr

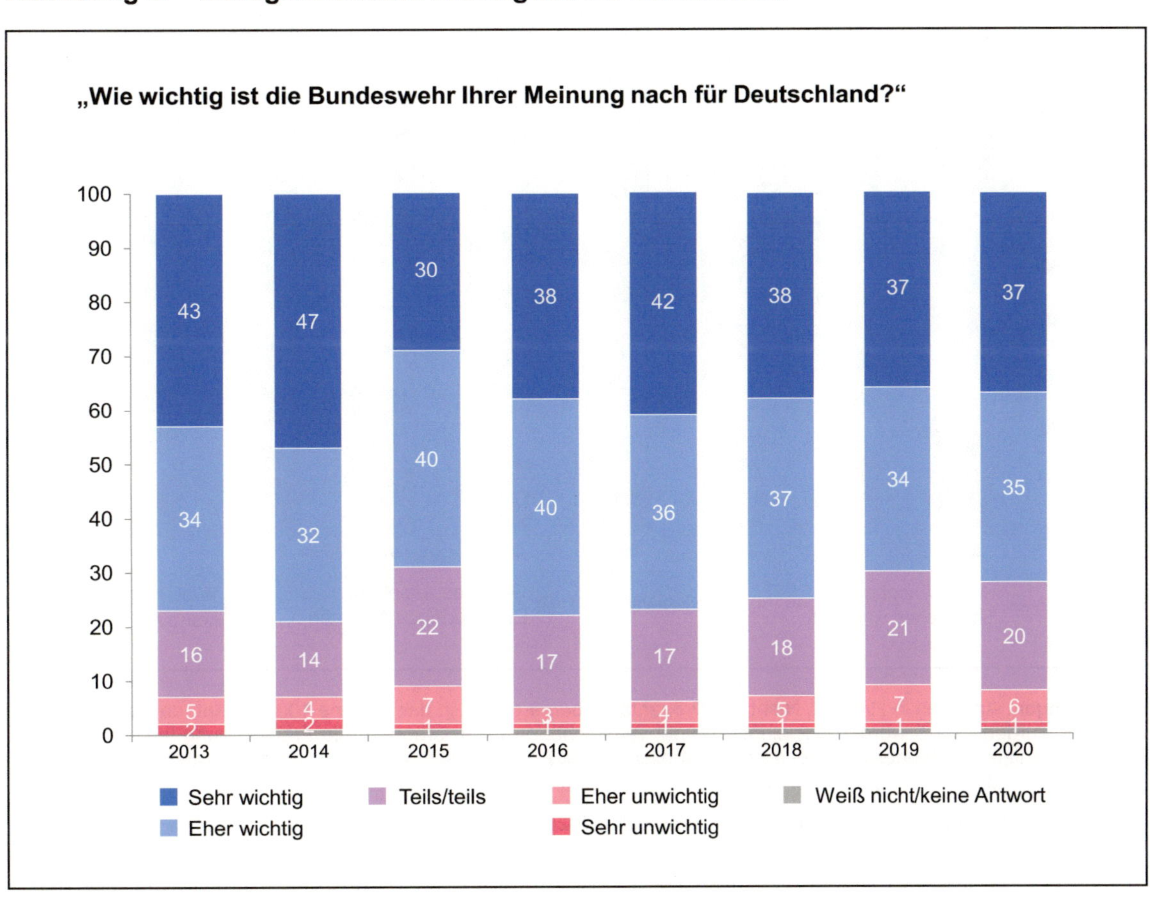

Anmerkungen: Angaben in Prozent. Nicht alle Prozentangaben ergeben in der Summe 100 Prozent, da die Einzelwerte gerundet wurden. 2011 und 2012 wurde die Frage mit einer nicht vergleichbaren Antwortskala erhoben (vier Antwortoptionen, ohne Mittelkategorie). 2010 wurde die Frage nicht erhoben.

Datenbasis: ZMSBw-Bevölkerungsbefragungen 2013–2020.

Persönliches Ansehen der Bundeswehr

Im weiteren Verlauf der Befragung werden die Teilnehmerinnen und Teilnehmer auch danach gefragt, welches Ansehen die Bundeswehr bei ihnen persönlich hat (vgl. Abbildung 6). Die Bundeswehr genießt im gesamten Betrachtungszeitraum in der Bevölkerung mehrheitlich ein hohes oder eher hohes Ansehen, das zwischen 49 und 63 Prozent schwankt. Der Wert für das Jahr 2020 liegt etwa in der Mitte dieses Intervalls. Damit erweist sich dieser Indikator als etwas volatiler als die beiden vorher betrachteten Indikatoren (die persönliche Einstellung und die empfundene Wichtigkeit). Bemerkenswert ist insbesondere der starke Anstieg im Jahr 2015 um 14 Prozentpunkte im Vergleich zum Vorjahr.

Abbildung 6: Persönliches Ansehen der Bundeswehr

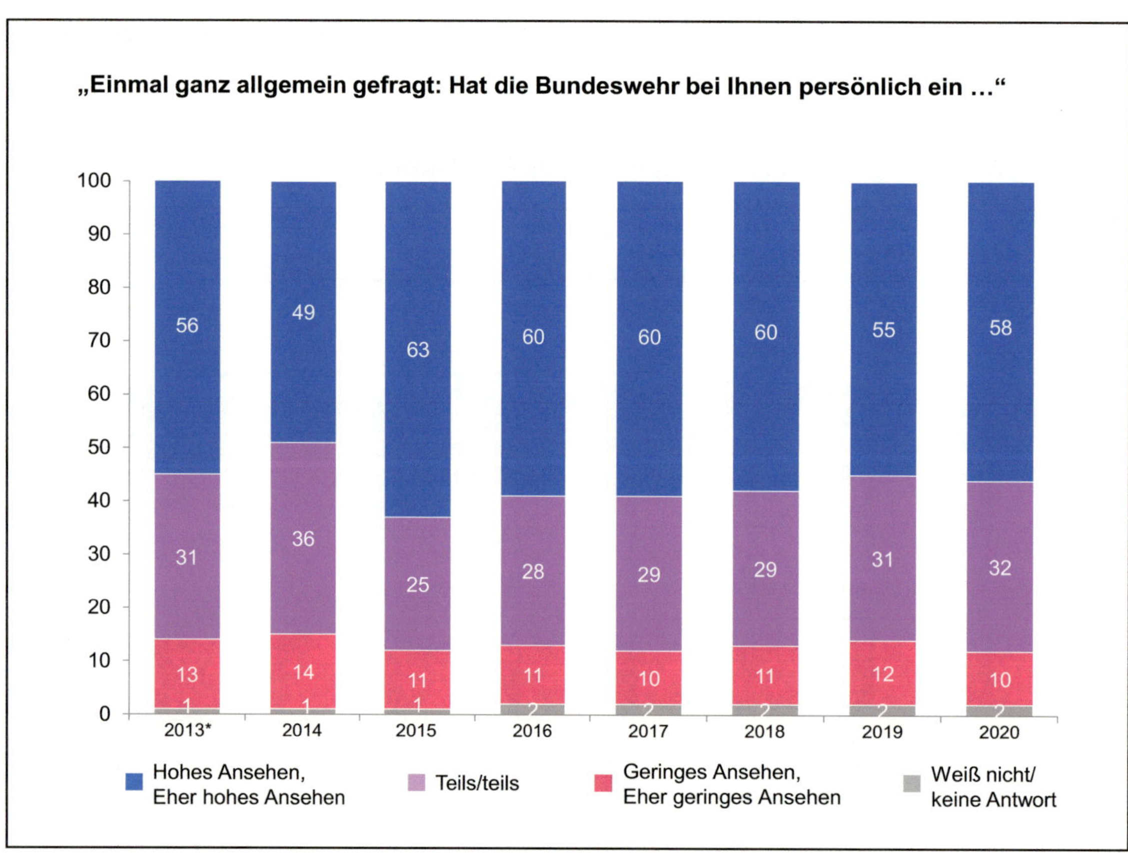

Anmerkungen: Angaben in Prozent. Nicht alle Prozentangaben ergeben in der Summe 100 Prozent, da die Einzelwerte gerundet wurden. *2013 wurden nur eingeschränkt vergleichbare Daten erhoben (die Fragestellung lautete: „Welches Ansehen genießt die Bundeswehr bei Ihnen persönlich?"). 2012 wurde die Frage mit einer nicht vergleichbaren Antwortskala erhoben (drei Antwortoptionen). 2010 und 2011 wurde die Frage nicht erhoben.

Datenbasis: Bevölkerungsbefragungen des ZMSBw 2013–2020.

Vertrauen in die Bundeswehr

Die Umfrageteilnehmerinnen und -teilnehmer werden auch nach ihrem Vertrauen in eine Vielzahl von Institutionen gefragt. Die nachfolgende Ergebnisdarstellung beschränkt sich auf den Vergleich der Bundeswehr mit anderen Sicherheitsbehörden.[8] Die große Mehrheit der deutschen Bevölkerung schenkt der Bundeswehr ihr Vertrauen, mehr als anderen staatlichen Sicherheitsbehörden (vgl. Tabelle 4).[9] Im gesamten Betrachtungszeitraum geben mindestens vier von fünf Bürgerinnen und Bürgern an, der Bundeswehr zu vertrauen. Einzig der Polizei wird noch mehr Vertrauen entgegengebracht. Wie die anderen Grundhaltungen zur Bundeswehr ist auch das Vertrauen in die Bundeswehr stabil. Zugleich wird den meisten Sicherheitsorganisationen im Jahr 2020 ein höheres Vertrauen geschenkt als im Vorjahr, so auch der Bundeswehr (+5 Prozentpunkte im Vergleich zu 2019). Der Vertrauensanstieg bei der Bundeswehr wird auch auf die (positive) Bewertung ihres Einsatzes im Inland, u.a. bei der Bekämpfung des Coronavirus, zurückgeführt (Biehl 2021a: 146). Gleichwohl deutet sich an, dass dieser Vertrauensgewinn mehr das (Neben)Produkt eines allgemein gestiegenen Vertrauens der Bürgerinnen und Bürger in die staatlichen Organe ist als das Ergebnis konkreter Leistungen und Maßnahmen der Bundeswehr (Biehl 2021a: 149).

Tabelle 4: Institutionenvertrauen: Die Bundeswehr im Vergleich

„Vertrauen Sie den folgenden Einrichtungen und Organisationen oder vertrauen Sie ihnen nicht?“											
	2010*	2011	2012*	2013*	2014	2015	2016	2017	2018	2019	2020
Polizei	89	–	87	87	–	89	89	92	90	92	89
Bundeswehr	**89**	**–**	**83**	**82**	**–**	**80**	**79**	**81**	**80**	**80**	**85**
Bundeskriminalamt	82	–	79	79	–	83	78	82	85	83	85
Verfassungsschutz	–	–	58	58	–	77	61	69	70	72	75
Bundesnachrichtendienst	63	–	55	58	–	66	53	60	59	64	69

Anmerkungen: Angaben in Prozent. Ausgewiesen sind die zusammengefassten Antwortanteile „vertraue voll und ganz“, „vertraue überwiegend“ und „vertraue eher“. *In den Jahren 2010 bis 2013 lautete der Fragetext: „Vertrauen Sie den folgenden Einrichtungen und Organisationen oder misstrauen Sie ihnen?“. 2011 und 2014 wurde die Frage mit nicht vergleichbaren Antwortskalen erhoben (vier Antwortoptionen).

Datenbasis: ZMSBw-Bevölkerungsbefragungen 2010–2020.

---

8 Insgesamt wird das Vertrauen in 16 Einrichtungen bzw. Organisationen abgefragt. Im Jahr 2020 erhielt die Bundeswehr den vierthöchsten Vertrauenswert aller abgefragten Institutionen. Am wenigsten Vertrauen wird der katholischen Kirche (2020: 47 Prozent) und den politischen Parteien (2020: 57 Prozent) entgegengebracht. Seit Jahren nimmt die Bundeswehr – wie andere Untersuchungen bestätigen – einen Spitzenplatz im Vertrauensranking der öffentlichen Einrichtungen ein (vgl. Die Welt 2013; European Commission 2019; Infratest dimap 2016).

9 Einschränkend ist anzumerken, dass das Niveau des Vertrauens in den ZMSBw-Bevölkerungsbefragungen für die meisten Institutionen über dem Niveau liegt, das andere Erhebungen ausweisen (vgl. Marktforschung.de 2020; Presseportal 2020). Mit dem vorhandenen Datenmaterial ist nicht abschließend zu klären, worauf dieser generell höhere Vertrauenszuspruch zurückzuführen ist. Es ist aber plausibel anzunehmen, dass die verwendete Skala ohne Mittelpunkt zu systematisch höheren Vertrauenswerten führt.

Aussagen zum Verhältnis von Bundeswehr und Gesellschaft

Seit 2013 werden die Teilnehmerinnen und Teilnehmer gebeten, verschiedene Aussagen zum Verhältnis von Bundeswehr und Gesellschaft zu bewerten (vgl. Tabelle 5). In allen Untersuchungsjahren empfand eine große Mehrheit der Bevölkerung die Bundeswehr als einen ganz normalen Bestandteil der Gesellschaft (72 bis 90 Prozent) und war der Auffassung, dass die Bundeswehr zum Schutz unserer freiheitlichen Werteordnung beiträgt (75 bis 87 Prozent) und zentrale Werte unserer Gesellschaft, wie Freiheit oder Gerechtigkeit, verkörpert (63 bis 83 Prozent). Insbesondere in den Jahren 2014 bis 2016 gab es jedoch zum Teil deutliche Schwankungen in den Zustimmungswerten von fast 20 Prozentpunkten. Auch wenn die Bürgerinnen und Bürger das Verhältnis zwischen Bundeswehr und Gesellschaft mehrheitlich positiv bewerten, so erweist sich das Meinungsbild zu diesen Fragen als wesentlich volatiler als die Grundhaltungen zur Bundeswehr.

Tabelle 5: Aussagen zum Verhältnis von Bundeswehr und Gesellschaft

„Ich lese Ihnen jetzt einige Aussagen zur Bundeswehr vor. Bitte sagen Sie mir zu jeder Aussage, ob Sie ihr völlig zustimmen, eher zustimmen, ob Sie sie eher ablehnen oder völlig ablehnen."								
	2013	**2014**	**2015**	**2016**	**2017**	**2018**	**2019**	**2020**
Die Bundeswehr ist ein ganz normaler Bestandteil der Gesellschaft.	86	82	72	90	88	87	85	84
Die Bundeswehr trägt zum Schutz unserer freiheitlichen Werteordnung bei.	79	75	75	86	87	84	84	81
Die Bundeswehr verkörpert zentrale Werte unserer Gesellschaft, wie Freiheit oder Gerechtigkeit.	74	63	71	81	83	80	79	76

Anmerkungen: Angaben in Prozent. Ausgewiesen sind die zusammengefassten Antwortanteile „stimme völlig zu" und „stimme eher zu". 2013 erfolgte die Erhebung dieser Frage mit computerunterstützten Telefoninterviews (CATI), ab 2014 mit computerunterstützten persönlichen Interviews (CAPI).

Datenbasis: ZMSBw-Bevölkerungsbefragungen 2013–2020.

Bewertung des Kontakts zwischen Bundeswehr und Gesellschaft

Ergänzend zu den Aussagen zum Verhältnis zwischen Bundeswehr und Gesellschaft werden die Teilnehmerinnen und Teilnehmer der ZMSBw-Bevölkerungsbefragung seit 2015 gefragt, ob die Bundeswehr ihrer Meinung nach genug unternimmt, um mit der Gesellschaft in Kontakt zu bleiben (vgl. Abbildung 7). Im Jahr 2015 beantworteten 59 Prozent der Bürgerinnen und Bürger diese Frage positiv. Im Folgejahr kam es zu einer deutlichen Verschlechterung der öffentlichen Meinung: Der Anteil der positiven Antworten sank um 18 Prozentpunkte auf 41 Prozent. Von 2016 bis 2018 hielten sich die positiven und negativen Antwortanteile in etwa die Waage. Seit 2019 hat sich die öffentliche Meinung weiter verschlechtert, sodass im Jahr 2020 eine Mehrheit von 52 Prozent der Bürgerinnen und Bürger der Auffassung ist, die Bundeswehr unternehme nicht genug, um mit der Gesellschaft in Kontakt zu bleiben. Nur ein Drittel der Befragten vertritt 2020 eine gegenteilige Auffassung.

Abbildung 7: Bewertung des Kontakts zwischen Bundeswehr und Gesellschaft

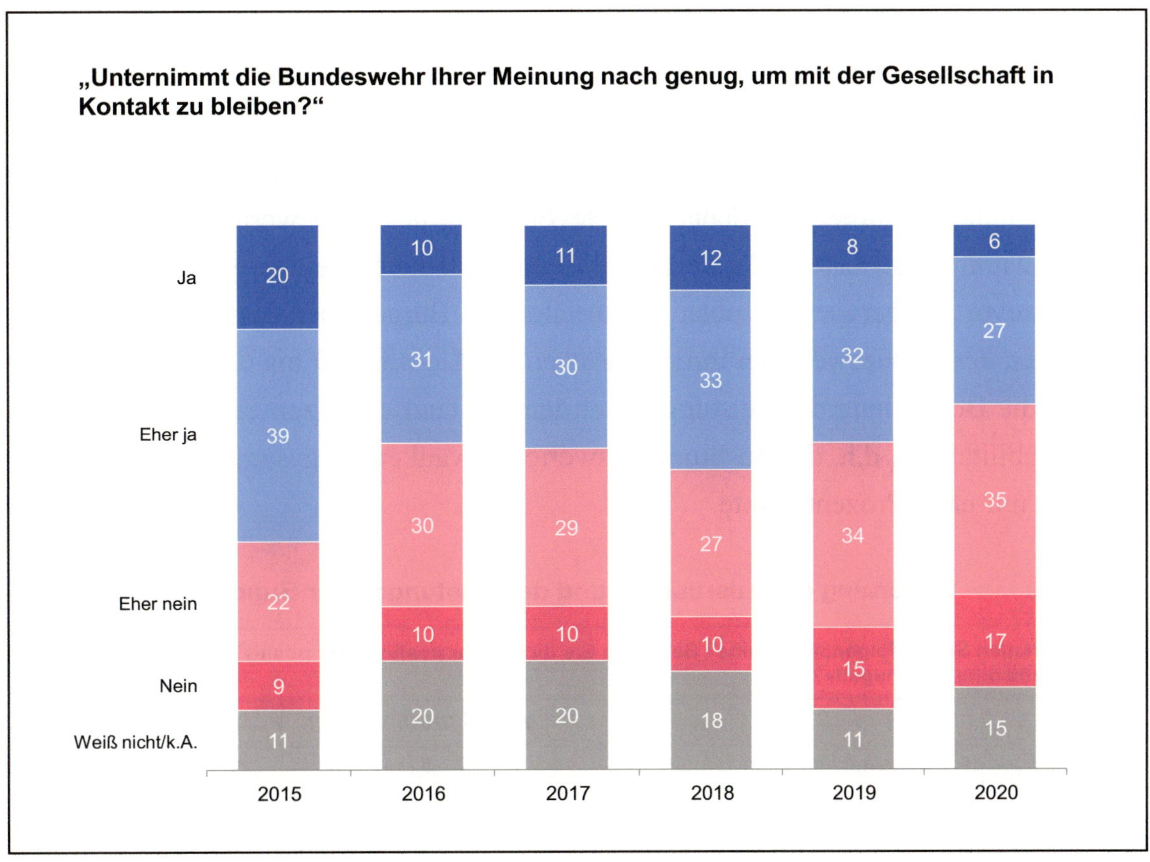

Anmerkungen: Angaben in Prozent. Nicht alle Prozentangaben ergeben in der Summe 100 Prozent, da die Einzelwerte gerundet wurden.

Datenbasis: ZMSBw-Bevölkerungsbefragungen 2015–2020.

Eine Bevölkerungsmehrheit stellt der Bundeswehr in dieser Hinsicht also aktuell ein schlechtes Zeugnis aus. Es steht zu vermuten, dass sich die Corona-Pandemie und die damit einhergehenden Kontaktbeschränkungen auf die Wahrnehmung des Kontakts zwischen Bundeswehr und Gesellschaft negativ ausgewirkt haben könnten, gab es doch in den Monaten vor der Befragung weniger Gelegenheiten für die Bundeswehr, mit der Gesellschaft in Kontakt zu kommen. Der Tag der Bundeswehr fand lediglich digital im Internet statt und auf Tage der offenen Tür und öffentliche Gelöbnisse musste sogar gänzlich verzichtet werden.

Erwähnenswert ist zudem der hohe Anteil an verweigerten oder nicht gegebenen Antworten im gesamten Betrachtungszeitraum (11 bis 20 Prozent), was darauf hindeutet, dass ein nicht geringer Teil der Bevölkerung hier keine dezidierte Meinung hat oder sich nicht zutraut, den Kontakt zwischen Bundeswehr und Gesellschaft zu bewerten. Allerdings ist nicht auszuschließen, dass das Fehlen einer neutralen Antwortoption zu den vergleichsweise hohen Anteilen an verweigerten Antworten beiträgt.

Bewertung der Ausrüstung und der Leistungen der Bundeswehr

Neben generellen Einstellungen und Haltungen zur Bundeswehr werden die Bürgerinnen und Bürger auch zur Ausrüstung und den Leistungen der Bundeswehr bei ihren Einsätzen befragt bzw. aufgefordert, diese zu beurteilen (vgl. Tabelle 6). Die Leistungen der Bundeswehr bei ihren Einsätzen im Inland werden seit Erhebungsbeginn im Jahr 2015 von einer deutlichen Mehrheit der deutschen Bevölkerung positiv bewertet (70 bis 82 Prozent). Erstaunlich ist, dass die Bewertung im Jahr 2020 etwas weniger positiv ausfällt als im Jahr zuvor.[10] Überwiegend positiv beurteilen die Bürgerinnen und Bürger auch die Leistungen der Bundeswehr bei ihren Einsätzen im Ausland (59 bis 65 Prozent). Insbesondere die Beurteilung der Leistungen bei den Auslandseinsätzen zeichnet sich durch große Stabilität aus, d.h. die Zustimmungswerte schwanken im gesamten Betrachtungszeitraum nur um 6 Prozentpunkte.

Tabelle 6: Bewertung der Ausrüstung und der Leistungen der Bundeswehr

„Wie beurteilen Sie die folgenden Punkte? Bewerten Sie diese sehr positiv, eher positiv, teils/teils, eher negativ oder sehr negativ?“

	2015	2016	2017	2018	2019	2020
Die Leistungen der Bundeswehr bei ihren Einsätzen im **Inland**	70	82	80	82	79	77
Die Leistungen der Bundeswehr bei ihren Einsätzen im **Ausland**	59	60	65	62	61	62
Die Ausrüstung und Bewaffnung der Bundeswehr	40	28	33	27	27	28

Anmerkungen: Angaben in Prozent. Ausgewiesen sind die zusammengefassten Antwortanteile „sehr positiv“ und „eher positiv“.

Datenbasis: ZMSBw-Bevölkerungsbefragungen 2015–2020.

Im Gegensatz zu den Einsatzleistungen der Bundeswehr wird die Ausrüstung und Bewaffnung der Bundeswehr nur von einer Minderheit der deutschen Bevölkerung positiv bewertet (27 bis 40 Prozent). Seit 2018 wird die Ausrüstung und Bewaffnung sogar überwiegend negativ beurteilt.[11] Der verbesserungswürdige Ausrüstungsstand der Streitkräfte ist also seit mehreren Jahren im Bewusstsein der Bevölkerung (unverändert) präsent.

[10] Die ZMSBw-Bevölkerungsbefragung 2020 wurde im Sommer durchgeführt, also in einer Zeit, in der das Infektionsgeschehen der Corona-Pandemie in Deutschland gering war. Zu berücksichtigen ist außerdem, dass die Bundeswehr während der ersten Infektionswelle im Frühjahr 2020 noch nicht in dem Umfang für Unterstützungsleistungen eingesetzt war, wie es seit dem Herbst der Fall ist.

[11] Anteil der negativen Antworten in Prozent (Anteile „sehr negativ“ und „eher negativ“ zusammengefasst): 32 (2015); 38 (2016); 30 (2017); 43 (2018); 43 (2019); 38 (2020).

2.5 Wahrnehmung der Bundeswehr in der Öffentlichkeit

Wegen der Verkleinerung der Bundeswehr, der Schließung vieler Standorte und der Aussetzung der Wehrpflicht seit dem Jahr 2011 haben viele Bürgerinnen und Bürger primär über die Medien Kontakt mit den Streitkräften. Daher ist es wichtig, zu wissen, ob und wie sie die Bundeswehr in den Medien wahrnehmen. Dennoch sollten persönliche oder unmittelbare Begegnungen und Erfahrungen mit der Bundeswehr nicht aus dem Blick geraten. In den letzten Jahren wurden vom Bundesministerium der Verteidigung Maßnahmen initiiert und umgesetzt, die die Sichtbarkeit und Erfahrbarkeit der Bundeswehr im öffentlichen Raum erhöhen sollen (z.B. Tag der Bundeswehr oder Bahnfahren in Uniform).[12] In der ZMSBw-Bevölkerungsbefragung wird deshalb erfasst, wie häufig und mit welchem Tenor (positiv, neutral, negativ) die Bürgerinnen und Bürger die Streitkräfte in den Medien und in der persönlichen Kommunikation wahrnehmen.

Häufigkeit der Wahrnehmung der Bundeswehr bei verschiedenen Gelegenheiten

Seit 2011 werden die Teilnehmerinnen und Teilnehmer gefragt, inwiefern sie die Bundeswehr in den Medien und bei verschiedenen anderen Gelegenheiten während der letzten 12 Monate wahrgenommen haben (vgl. Tabelle 7).[13] In allen Erhebungsjahren wird die Bundeswehr am häufigsten bei Beiträgen im Fernsehen wahrgenommen, gefolgt von Beiträgen in Zeitungen und Zeitschriften, während sie am seltensten bei alltäglichen Begegnungen oder öffentlichen Veranstaltungen wahrgenommen wird. Im Vergleich zu den klassischen Massenmedien (Fernsehen und Zeitungen/Zeitschriften) wird die Bundeswehr im Internet eher selten wahrgenommen, zudem ist im Betrachtungszeitraum auch kein nennenswerter Anstieg der Wahrnehmungshäufigkeit im Internet zu erkennen. Insgesamt zeigt sich eine Abnahme der Wahrnehmungshäufigkeit der Bundeswehr bei fast allen massenmedialen wie persönlichen Gelegenheiten. Für vier der sieben Kontaktmöglichkeiten werden 2020 die niedrigsten Werte des gesamten Zeitraums erreicht (Fernsehen, Zeitungen und Zeitschriften, Gespräche, bei öffentlichen Veranstaltungen). Besonders stark ist seit 2011 die Abnahme der Wahrnehmung in den Massenmedien.

---

[12] Die Wahrnehmung der Bundeswehr „bei einer Fahrt mit dem Zug“ (5 Prozent) und die Bewertung dieser Wahrnehmung (66 Prozent positiv) werden seit 2020 abgefragt. Eine detaillierte Auswertung findet sich im entsprechenden Forschungsbericht (Steinbrecher/Irrgang 2021).

[13] Vor 2011 wurde die Frage mit einem nicht vergleichbaren Messinstrument erhoben.

Tabelle 7: Häufigkeit der Wahrnehmung der Bundeswehr bei verschiedenen Gelegenheiten

„Haben Sie die Bundeswehr in den letzten 12 Monaten bei den folgenden Gelegenheiten wahrgenommen?“										
	2011	**2012**	**2013**	**2014**	**2015**	**2016**	**2017**	**2018**	**2019**	**2020**
Bei Sendungen im Fernsehen	83	72	66	71	63	70	77	62	63	59
Bei Beiträgen in Zeitungen und Zeitschriften	75	65	56	57	48	55	62	47	48	42
Bei Beiträgen im Internet	27	23	12	19	26	23	27	22	26	24
Bei Sendungen im Radio	58	36	24	27	32	26	33	21	23	22
Bei Gesprächen mit Freunden, Verwandten oder Kollegen	50	39	29	31	45	34	38	29	32	29
Im Alltag, da wo Sie wohnen, also zum Beispiel auf der Straße oder beim Einkaufen	19	22	13	17	17	20	20	18	17	15
Bei öffentlichen Veranstaltungen	13	14	7	12	13	12	14	10	10	6

Anmerkungen: Angaben in Prozent. Ausgewiesen ist der Antwortanteil „ja“. Vor 2011 wurde die Frage mit einem nicht vergleichbaren Messinstrument erhoben.

Datenbasis: ZMSBw-Bevölkerungsbefragungen 2011–2020.

Auffällig bei der Betrachtung der Zeitreihen ist, dass das Jahr 2017 herausragt. In diesem Jahr wurde die Bundeswehr wegen einiger Skandale, dem Anti-IS-Einsatz und dem Abzug von Flugzeugen der Luftwaffe von der türkischen Basis Incirlik besonders häufig in den Medien wahrgenommen und war auch verstärkt Thema persönlicher Gespräche (Steinbrecher 2017). 2020 hat die Bundeswehr trotz der Skandale im Zusammenhang mit dem Kommando Spezialkräfte (KSK) und der vielfältigen, deutschlandweiten Corona-Unterstützungsleistungen der Streitkräfte nicht annähernd eine ähnliche Aufmerksamkeit und Wahrnehmung in der Bevölkerung erfahren.

Bewertung der Wahrnehmung der Bundeswehr bei verschiedenen Gelegenheiten

Weiterhin werden die Befragten nach ihrem persönlichen Eindruck von der Bundeswehr bei der Wahrnehmung über die einzelnen Kommunikationskanäle gefragt (vgl. Tabelle 8). Antworten können jeweils nur diejenigen Befragten, welche die Bundeswehr über die entsprechenden Kanäle wahrgenommen haben. Über alle acht untersuchten Kommunikationskanäle hinweg ist ein überwiegend positiver Tenor festzustellen, der sich insbesondere zwischen den Massenmedien Fernsehen, Zeitungen und Zeitschriften, Radio und Internet nur wenig unterscheidet. Im Alltag und bei öffentlichen Veranstaltungen hinterlässt die Bundeswehr den besten Eindruck. Damit ist die Wahrnehmung über jene Kanäle am besten, in denen die Bundeswehr persönliche Begegnungen zwischen Bürgern und Soldaten ermöglicht. Allerdings wird sie auf diesen Wegen am seltensten wahrgenommen (vgl. Tabelle 7).

Tabelle 8: Bewertung der Wahrnehmung der Bundeswehr bei verschiedenen Gelegenheiten

„Und wie war bei diesen Gelegenheiten Ihr persönlicher Eindruck von der Bundeswehr?“							
	2014	**2015**	**2016**	**2017**	**2018**	**2019**	**2020**
Bei Sendungen im Fernsehen	53	49	61	46	50	45	45
Bei Beiträgen in Zeitungen und Zeitschriften	51	48	58	42	47	45	42
Bei Beiträgen im Internet	43	51	57	44	56	41	43
Bei Sendungen im Radio	56	49	59	46	55	46	39
Bei Gesprächen mit Freunden, Verwandten oder Kollegen	49	64	58	55	59	52	56
Im Alltag, da wo Sie wohnen, also zum Beispiel auf der Straße oder beim Einkaufen	72	66	75	80	83	82	78
Bei öffentlichen Veranstaltungen	73	61	79	78	88	84	74

Anmerkungen: Angaben in Prozent. Ausgewiesen sind die zusammengefassten Antwortanteile „sehr positiv“ und „eher positiv“. Vor 2014 wurde die Frage mit einem nicht vergleichbaren Messinstrument erhoben.

Datenbasis: ZMSBw-Bevölkerungsbefragungen 2014–2020.

Der persönliche Eindruck von der Bundeswehr schwankt seit dem Jahr 2014 bei fast allen sieben Kanälen teils deutlich.[14] Es lässt sich aber kein einheitlicher Trend über den Zeitraum und alle Kontaktformen hinweg identifizieren. Der Anteil der Befragten mit positiver Wahrnehmung der Bundeswehr im Alltag liegt 2020 auf vergleichsweise hohem Niveau und ist seit 2017 nahezu konstant mit Werten um 80 Prozent. Die Bewertung der Wahrnehmung der Bundeswehr bei öffentlichen Veranstaltungen hingegen schwankt etwas stärker und erreicht 2020 den niedrigsten Wert seit 2015 (damals: 61 Prozent, 2020: 74 Prozent). Die positive Wahrnehmung der Bundeswehr bei persönlichen Gesprächen variiert im gesamten Zeitraum um 15 Prozentpunkte und liegt seit 2016 stets über 50 Prozent. Die Kurven für die Bewertung der Wahrnehmung in den Massenmedien laufen weitgehend parallel und erreichten den positivsten Wert für alle vier Kanäle im Jahr 2016. Im Vergleich zu diesem Referenzjahr hat der Anteil der positiven Einschätzungen der Berichterstattung über die Bundeswehr bis 2020 um 14 (Internet) bis 20 Prozentpunkte (Radio) abgenommen.

2.6 Einstellungen zu den Aufgaben der Bundeswehr

Seit 2015 werden die Teilnehmerinnen und Teilnehmer der ZMSBw-Bevölkerungsbefragung danach gefragt, welche Aufgaben die Bundeswehr ihrer Meinung nach übernehmen sollte. Das abgefragte Aufgabenspektrum orientiert sich maßgeblich an den im Weißbuch der Bundesregierung (BMVg 2006, 2016) genannten Kernaufgaben der Bundeswehr als Mittel der deutschen Außen-, Sicherheits- und Verteidigungspolitik. Im gesamten Erhebungszeitraum erfahren alle Aufgaben der Bundeswehr die Zustimmung einer klaren Be-

[14] Vor 2014 wurde die Frage mit einem nicht vergleichbaren Messinstrument erhoben.

völkerungsmehrheit, allen voran die Landes- und Bündnisverteidigung, aber auch das internationale Krisenmanagement einschließlich des Kampfes gegen den internationalen Terrorismus (vgl. Tabelle 9).[15] Einzig die Bekämpfung gegnerischer Kräfte im Auslandseinsatz erfährt nur die Zustimmung einer relativen Mehrheit. Dieser Befund deckt sich mit der ebenfalls recht kritischen Einstellung der Bürgerinnen und Bürger zu (möglichen) Kampfeinsätzen der Bundeswehr als Mittel der deutschen Außen- und Sicherheitspolitik (vgl. Tabelle 1). Im Zeitverlauf ist sehr deutlich zu sehen, wie stabil die Zustimmung der Bürgerinnen und Bürger zu den Aufgaben der Bundeswehr ist: Die Veränderungen der Zustimmungswerte zu den einzelnen Aufgaben bewegen sich seit dem Jahr 2016 fast immer im Rahmen des statistischen Messfehlers und die Rangfolge der Aufgaben, gemessen an den Zustimmungswerten, bleibt im gesamten Betrachtungszeitraum nahezu unverändert.

Tabelle 9: Einstellungen zu den Aufgaben der Bundeswehr

„Welche Aufgaben sollte die Bundeswehr Ihrer Meinung nach übernehmen? Die Bundeswehr sollte eingesetzt werden, …"

	2015	2016	2017	2018	2019	2020
um einen militärischen Angriff auf Deutschland abzuwehren.	82	91	91	90	89	85
um die Opfer einer Naturkatastrophe mit Nahrungsmitteln zu versorgen und medizinische Hilfe zu leisten.	73	91	87	88	87	86
um deutsche Staatsbürgerinnen und Staatsbürger aus Krisengebieten zu evakuieren.	73	84	82	82	83	81
um einem Verbündeten zu helfen, der angegriffen wird.	60	69	72	71	71	70
um sich am Kampf gegen den internationalen Terrorismus zu beteiligen.	62	69	71	69	66	65
um die Lage in einer Krisenregion zu stabilisieren.	60	59	60	58	61	62
um in Auslandseinsätzen gegnerische Kräfte zu bekämpfen.*	51	46	46	47	45	47

Anmerkungen: Angaben in Prozent. Ausgewiesen sind die zusammengefassten Antwortanteile „stimme völlig zu" und „stimme eher zu". *Von 2015 bis 2018 wurde folgende Formulierung verwendet: „um in Konfliktregionen gegnerische Kräfte zu bekämpfen".

Datenbasis: ZMSBw-Bevölkerungsbefragungen 2015–2020.

2.7 Auslandseinsätze der Bundeswehr: Kenntnisstand und Zustimmung

Die Zahl der Auslandsmissionen der Bundeswehr ist in den vergangenen zehn Jahren stetig gestiegen. Gleichzeitig ist der Kenntnisstand der Bevölkerung sowie der allgemeine Grad der Informiertheit über die Auslandseinsätze zurückgegangen. Insgesamt hat nur ein geringer Teil der Bürgerinnen und Bürger Kenntnisse über die Auslandsmissionen der Bundeswehr. Zugleich ist die explizite Zustimmung zu den meisten Auslandseinsätzen

[15] Die prinzipielle Zustimmung zu den Aufgaben der Bundeswehr ist nicht gleichzusetzen mit der Zustimmung zu den konkreten Auslandseinsätzen der Bundeswehr (vgl. Abschnitt 2.7).

eher überschaubar – gerade im Vergleich zum öffentlichen Zuspruch, den die Bundeswehr selbst erfährt (vgl. Abschnitt 2.4).

Bekanntheit ausgewählter Auslandseinsätze der Bundeswehr

Hinsichtlich der Auslandseinsätze der Bundeswehr sollten die Befragten zunächst einschätzen, wie gut sie über die einzelnen Einsätze Bescheid wissen. In den nachfolgenden Ausführungen werden die Antwortmöglichkeiten „Ich habe mich intensiv damit beschäftigt und kenne alle wesentlichen Fakten und Zusammenhänge“ sowie „Ich habe davon gehört bzw. gelesen und kenne einige Fakten und Zusammenhänge“ zusammengefasst. Dahinter steht die Annahme, dass Personen, die eine der beiden Antworten wählen, zumindest über einen grundlegenden Kenntnisstand zu den jeweiligen Einsätzen verfügen. Die folgende Ergebnisdarstellung beschränkt sich auf ausgewählte Auslandseinsätze der Bundeswehr mit einer Einsatzdauer von mindestens 5 Jahren.

Tabelle 10: Bekanntheit ausgewählter Auslandseinsätze der Bundeswehr

„Haben Sie schon einmal von den folgenden Auslandseinsätzen der Bundeswehr gehört oder gelesen?“											
	2010	**2011**	**2012**	**2013**	**2014**	**2015**	**2016**	**2017**	**2018**	**2019**	**2020**
ISAF (bis 2014)/ Resolute Support (ab 2015)	56	67	52	52	61	39	33	30	30	29	25
KFOR	37	56	35	40	45	34	34	32	32	33	29
Atalanta	37	54	27	25	26	30	27	25	24	24	20
UNIFIL	19	17	16	20	18	25	18	14	17	17	13
EUTM Mali	–	–	–	20	13	24	18	16	18	19	18
MINUSMA	–	–	–	–	–	–	14	12	15	15	14
Counter Daesh	–	–	–	–	–	–	36	38	37	38	23

Anmerkungen: Angaben in Prozent. Ausgewiesen sind die zusammengefassten Antwortanteile „Ich habe mich intensiv damit beschäftigt und kenne alle wesentlichen Fakten und Zusammenhänge“ und „Ich habe davon gehört bzw. gelesen und kenne einige Fakten und Zusammenhänge“.

Datenbasis: ZMSBw-Bevölkerungsbefragungen 2010–2020.

Die Ergebnisse in Tabelle 10 zeigen keine einheitliche Entwicklung der Bekanntheit der ausgewählten Auslandseinsätze im Zeitverlauf. Der ISAF-Einsatz in Afghanistan war bis zu dessen Beendigung im Jahr 2014 der bekannteste Auslandseinsatz der Bundeswehr im gesamten Betrachtungszeitraum. Mit dem Wechsel zu Resolute Support im Jahr 2015 sank die Bekanntheit des Bundeswehr-Engagements in Afghanistan deutlich (-22 Prozentpunkte im Vergleich zu ISAF im Jahr 2014) und nahm im weiteren Verlauf sukzessive ab. Auch die Bekanntheit des KFOR-Einsatzes ist über die Jahre kontinuierlich gesunken, bleibt aber bis heute vergleichsweise groß. Die Marine-Einsätze Atalanta und UNIFIL sind im Vergleich zu KFOR und insbesondere ISAF zwar weniger bekannt, aber der subjektive Kenntnisstand der Bevölkerung über diese Einsätze erweist sich im Zeitverlauf als stabiler. Dieser Befund gilt auch für die beiden Bundeswehr-Einsätze in Mali

(EUTM und MINUSMA). In den Jahren 2016 bis 2019 war der Kenntnisstand in der Bevölkerung über die Beteiligung der Bundeswehr am Einsatz Counter Daesh vergleichsweise am größten. Im Jahr 2020 liegt die Bekanntheit dieses Einsatzes nur im Mittelfeld, während der bekannteste Auslandseinsatz der Bundeswehr – KFOR – zugleich auch ihr längster ist.

In der Gesamtbetrachtung zeichnet sich eine grundsätzliche Entwicklung ab: Während in den Jahren 2010 bis 2014 zumindest einzelne Einsätze einer absoluten Mehrheit der Bürgerinnen und Bürger bekannt waren, ist seit 2015 kein einziger Auslandseinsatz der Bundeswehr einer absoluten Mehrheit in der Bevölkerung bekannt. Gleichzeitig ist im Betrachtungszeitraum die Anzahl der Bundeswehr-Einsätze gestiegen. Es drängt sich daher die Vermutung auf, dass die Zunahme der Auslandseinsätze zu einer „Aufmerksamkeitsdiffusion“ in der Bevölkerung geführt haben könnte, d.h. je mehr Auslandseinsätze die Bundeswehr durchführt, desto weniger ist die allgemeine Öffentlichkeit in der Lage, sich mit den einzelnen Einsätzen zu befassen oder von diesen Kenntnis zu nehmen.[16] Zu berücksichtigen ist hierbei auch, dass sich die Bürgerinnen und Bürger zusehends schlecht über die Auslandseinsätze der Bundeswehr informiert fühlen, wie der nachfolgende Abschnitt darlegt.

Informiertheit über die Auslandseinsätze der Bundeswehr

Zusätzlich zur Bekanntheit der einzelnen Auslandseinsätze der Bundeswehr erfasst die Bevölkerungsbefragung, wie gut sich die Bürgerinnen und Bürger über die Einsätze informiert fühlen. In der Entwicklung der subjektiven Informiertheit über die Auslandseinsätze der Bundeswehr ist im Zeitverlauf ein negativer Trend zu erkennen (vgl. Abbildung 8): Der Anteil der Bundesbürger, die sich sehr gut oder eher gut informiert fühlen, ist von 40 Prozent im Jahr 2015 kontinuierlich auf 16 Prozent im Jahr 2019 und 2020 gesunken, während parallel dazu der Anteil derjenigen, die sich sehr schlecht oder eher schlecht informiert fühlen, von 27 auf 48 Prozent im Jahr 2020 gestiegen ist. Diese Entwicklung korrespondiert mit der Abnahme der Bekanntheit der einzelnen Auslandseinsätze der Bundeswehr (vgl. Tabelle 10).

---

[16] Dieses Argument lehnt sich theoretisch an das Konzept des „cognitive miser“ an, das besagt, dass der Durchschnittsbürger nur mit begrenzten kognitiven Ressourcen ausgestattet ist und diese für Themen verwendet, die eine persönliche Relevanz aufweisen, wozu außen-, sicherheits- und verteidigungspolitische Themen in der Regel nicht zählen (vgl. Fiske/Taylor 1984; Hurwitz/Peffley 1987).

Abbildung 8: Informiertheit über die Auslandseinsätze der Bundeswehr

„Wie gut fühlen Sie sich über die Auslandseinsätze der Bundeswehr informiert?“

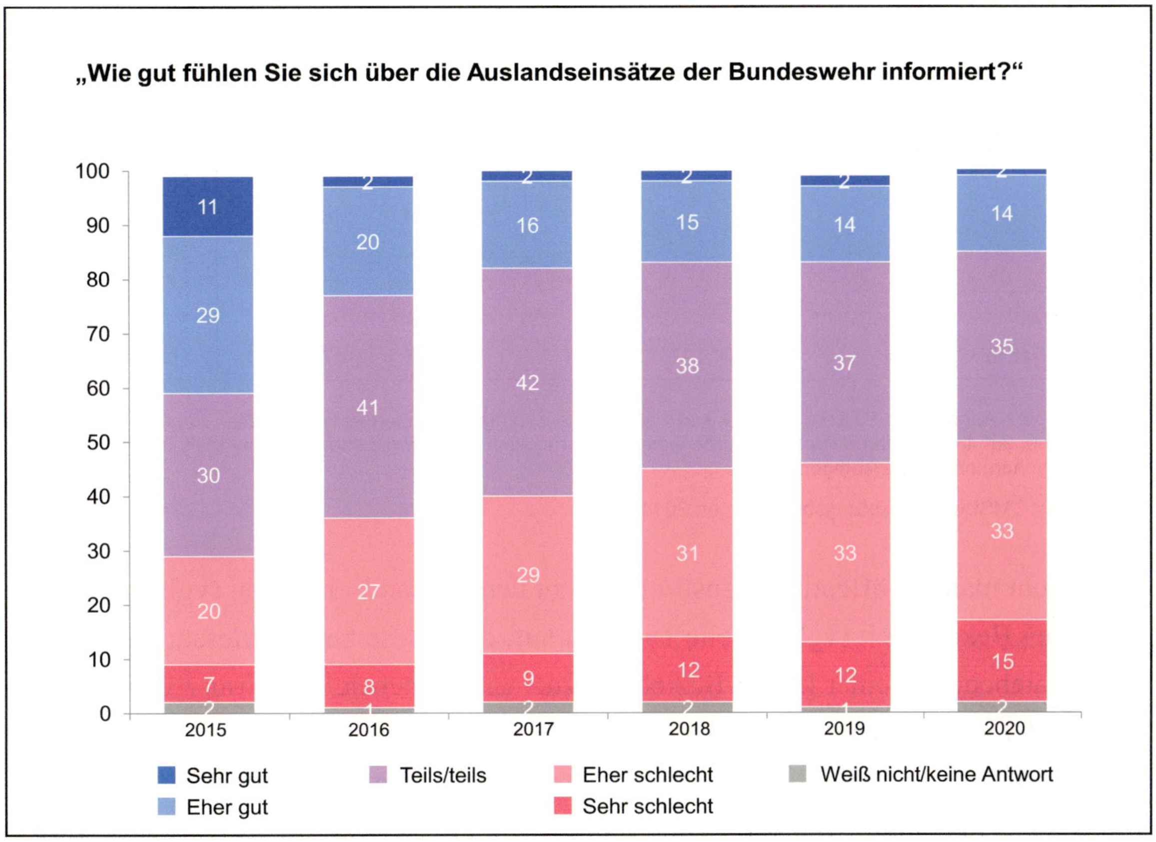

Anmerkungen: Angaben in Prozent. Nicht alle Prozentangaben ergeben in der Summe 100 Prozent, da die Einzelwerte gerundet wurden.

Datenbasis: ZMSBw-Bevölkerungsbefragungen 2015–2020.

Zustimmung zu ausgewählten Auslandseinsätzen der Bundeswehr

Neben dem subjektiven Kenntnisstand über die Auslandseinsätze der Bundeswehr wird auch die Einstellung zu den Einsätzen erhoben. Die nachfolgende Ergebnisdarstellung beschränkt sich erneut auf ausgewählte Auslandseinsätze mit einer Einsatzdauer von mindestens 5 Jahren. Im Zeitverlauf wird sichtbar, dass die Zustimmung zu allen Auslandseinsätzen der Bundeswehr im Jahr 2015 deutlich anstieg und sich dieser Anstieg in den meisten Fällen auch im Jahr 2016 fortsetzte, wenn auch weniger intensiv (vgl. Tabelle 11). Insgesamt sind die Zustimmungswerte seit 2016 weitgehend stabil, d.h. Schwankungen von mehr als 5 Prozentpunkten sind eher selten aufgetreten. Mit Ausnahme des EUTM-Einsatzes in Mali erfährt jedoch kein Auslandseinsatz der Bundeswehr die Zustimmung einer absoluten Mehrheit der Bürgerinnen und Bürger.

Tabelle 11: Zustimmung zu ausgewählten Auslandseinsätzen der Bundeswehr

„Bitte sagen Sie mir, ob Sie der Beteiligung der Bundeswehr an den folgenden Auslandseinsätzen völlig zustimmen, eher zustimmen, teils zustimmen/teils ablehnen, eher ablehnen oder ob Sie diese völlig ablehnen?“							
	2014	**2015**	**2016**	**2017**	**2018**	**2019**	**2020**
ISAF (bis 2014)/Resolute Support (ab 2015)	26	41	40	37	36	37	36
KFOR	34	36	42	42	39	41	44
Atalanta	30	40	46	45	44	43	44
UNIFIL	20	32	40	34	38	33	36
EUTM Mali	17	35	50	47	50	50	51
MINUSMA	–	–	34	31	33	35	37
Counter Daesh	–	–	47	51	46	47	38

Anmerkungen: Angaben in Prozent. Ausgewiesen sind die zusammengefassten Antwortanteile „stimme völlig zu“ und „stimme eher zu“. In den Jahren vor 2014 wurde diese Frage mit einer nicht vergleichbaren Antwortskala erhoben (sechs Antwortoptionen, ohne Mittelkategorie).

Datenbasis: ZMSBw-Bevölkerungsbefragungen 2014–2020.

Vergleicht man die öffentliche Zustimmung zu den Auslandseinsätzen (vgl. Tabelle 11) mit deren Bekanntheit (vgl. Tabelle 10), fällt auf, dass diese beiden Messgrößen auf der Aggregatebene in keiner klaren Beziehung zueinander stehen.[17] So war z.B. der ISAF-Einsatz der in der Bevölkerung bekannteste Auslandseinsatz der Bundeswehr, erhielt aber eher durchschnittliche Zustimmungswerte, während der weitgehend unbekannte EUTM-Einsatz seit 2016 mitunter die höchsten Zustimmungswerte bekommt. Unabhängig davon zeigen weiterführende Untersuchungen des ZMSBw (Biehl 2021b: 256–258), dass auf der Individualebene ein signifikanter und positiver Zusammenhang zwischen der Bekanntheit des Einsatzes und der Zustimmung besteht: Je mehr die Befragten über einen Einsatz wissen, desto stärker befürworten sie diesen auch.

[17] Die Berechnung einer bivariaten Korrelation nach Pearson für die Bekanntheit der Einsätze (auf dem Aggregatlevel in Prozent) und die Zustimmung zu den Einsätzen (auf dem Aggregatlevel in Prozent) bestätigt diese Annahme (r = 0,10; p = 0,514). Dieser Befund gilt nur für die in den Tabellen 10 und 11 genannten Auslandseinsätze und ist auf den Untersuchungszeitraum 2014–2020 beschränkt.

3 Fazit

Das ZMSBw wurde vom Bundesministerium der Verteidigung (Referat FüSK III 3) beauftragt, auf Basis der jährlichen ZMSBw-Bevölkerungsbefragungen einen Forschungsbericht zu erstellen, der die Entwicklung der öffentlichen Meinung in Deutschland von 2010 bis 2020 zu ausgewählten sicherheits- und verteidigungspolitischen Themen und zur Bundeswehr erfasst. Aus der Auswertung der öffentlichen Meinung im Zeitverlauf ergeben sich folgende Erkenntnisse:

Eine große Mehrheit der Bundesbürgerinnen und Bundesbürger hat eine positive Einstellung zur Bundeswehr, hält sie für wichtig und schenkt ihr Vertrauen. Die Leistungen der Bundeswehr bei ihren Einsätzen im In- und Ausland wie auch das Verhältnis zwischen Bundeswehr und Gesellschaft werden ebenfalls mehrheitlich positiv bewertet. Die Bundeswehr wird von einer Bevölkerungsmehrheit als legitimes Mittel der deutschen Außen- und Sicherheitspolitik akzeptiert, obgleich Vorbehalte gegen den Einsatz militärischer Gewalt bestehen. Diese grundlegenden Einstellungen zur Bundeswehr erweisen sich im gesamten Betrachtungszeitraum als stabil.

Ungeachtet dessen hat der Anteil der Bürgerinnen und Bürger, die der Auffassung sind, die Bundeswehr unternehme nicht genug, um mit der Gesellschaft in Kontakt zu bleiben, in den letzten fünf Jahren deutlich zugenommen: Inzwischen vertreten 52 Prozent diese kritische Position. Überwiegend negativ wird auch die Ausrüstung und Bewaffnung der Bundeswehr beurteilt – und das seit Erhebungsbeginn dieser Frage im Jahr 2015.

Die Stabilität der positiven Grundeinstellung der Bevölkerung zur Bundeswehr ist insofern überraschend, als die meisten Bürgerinnen und Bürger die Bundeswehr primär über die Massenmedien wahrnehmen und dies in den letzten zehn Jahren kontinuierlich seltener, dafür seit 2016 aber mit einem deutlich negativeren Tenor.

Ein weiterer wesentlicher Befund ist die augenscheinliche Reaktion der deutschen Bevölkerung auf die sich seit 2014 ergebenden sicherheitspolitischen Herausforderungen: In den Jahren 2014 und 2015 stieg die Zustimmung zu einer aktiven deutschen Außenpolitik, zur Erhöhung der Verteidigungsausgaben und zum Aufwuchs des militärischen Personalkörpers der Bundeswehr geradezu sprunghaft. Bemerkenswert ist zudem, dass dieser Einstellungswandel nachhaltig ist, d.h. die Zustimmungswerte zu allen drei Aspekten sind bis heute auf einem Niveau, das deutlich über dem der Jahre vor 2014 liegt. Diese Beobachtung kann als Beleg für das Konzept der „rationalen Öffentlichkeit" interpretiert werden, d.h. die öffentliche Meinung reagiert auf der Aggregatebene rational und objektiv nachvollziehbar auf politische Ereignisse und Entscheidungen der Eliten („rational public", z.B. Isernia et al. 2002; Page/Shapiro 1992; Shapiro/Page 1988). Allerdings ist die hier präsentierte deskriptive Beobachtung kein empirischer Beweis für einen möglichen Kausalzusammenhang.

Ein ebenso wichtiger Befund ist das rückläufige Informationsniveau in der Bevölkerung über die Auslandseinsätze der Bundeswehr. Während die Zahl der Auslandseinsätze in den letzten zehn Jahren ständig gestiegen ist, sank der Kenntnisstand zu den jeweiligen Einsätzen. In den letzten fünf Jahren hat sich der Anteil der Bundesbürger, die sich über die Auslandseinsätze der Bundeswehr gut informiert fühlen, mehr als halbiert, während sich parallel dazu der Anteil derjenigen, die sich schlecht informiert fühlen, nahezu verdoppelt hat. In diesem Zusammenhang ist die Erkenntnis von Interesse, dass auf der Aggregatebene der Bevölkerung die Bekanntheit der Auslandseinsätze in keiner signifikanten Beziehung zur öffentlichen Zustimmung zu den Auslandseinsätzen der Bundeswehr steht.

Des Weiteren ist festzustellen, dass das „Corona-Jahr" 2020 messbare Auswirkungen hatte: Die positive Einstellung der Bevölkerung zur Bundeswehr hat einen neuen Höchstwert erreicht und auch das Vertrauen in die Bundeswehr ist spürbar gestiegen. Ebenso konnte der negative Trend der letzten Jahre in der wahrgenommenen Wichtigkeit der Bundeswehr vorerst gestoppt werden. Überraschend ist jedoch der Befund, dass die Bundeswehr es im Jahr 2020 nicht geschafft hat, von den Bürgerinnen und Bürgern stärker wahrgenommen zu werden. Ein wesentlicher Grund könnte der Befragungszeitpunkt im Sommer sein, denn das Infektionsgeschehen war gering und die Bundeswehr kam noch nicht in dem Umfang zum Einsatz, wie es seit dem Herbst 2020 der Fall ist. Außerdem wurden viele öffentlichkeitswirksame Veranstaltungen nur online durchgeführt (z.B. Tag der Bundeswehr) oder mussten gänzlich entfallen (Tage der offenen Tür). Unmittelbar vor und während der Befragung fehlte es also schlicht an Berührungspunkten zwischen der Bundeswehr und der Bevölkerung.

Die Ergebnisse dieses Forschungsberichts verdeutlichen einmal mehr den Wert der ZMSBw-Bevölkerungsbefragung als Gradmesser für die Entwicklung gesellschaftlicher Einstellungen und Präferenzen zu sicherheits- und verteidigungspolitischen Themen. Die vorliegende Untersuchung veranschaulicht insbesondere den Wert intakter Zeitreihen. Änderungen an bestehenden Messinstrumenten sollten nur dann erfolgen, wenn diese absolut erforderlich (z.B. im Zuge notwendiger Aktualisierungen) oder explizit beabsichtigt sind (z.B. im Rahmen von methodischen Experimenten). Mit der Fortführung seiner jährlichen Bevölkerungsbefragungen leistet das ZMSBw einen Beitrag zur wissenschaftlichen Politikberatung des Bundesministeriums der Verteidigung, zur sicherheits- und verteidigungspolitischen Forschung und zur öffentlichen Diskussion über Sicherheits- und Verteidigungspolitik.

4 Methodologie

Ziel des vorliegenden Berichts ist die Beschreibung der Entwicklung der öffentlichen Meinung zur Bundeswehr sowie zu ausgewählten sicherheits- und verteidigungspolitischen Themen in der Bundesrepublik Deutschland von 2010 bis 2020. Die nachfolgenden methodologischen Ausführungen sind von Bedeutung für die Vergleichbarkeit des zugrunde liegenden Datenmaterials und für die Interpretation der Analyseergebnisse.

Vergleichbarkeit auf der Aggregatebene

In der durch das ZMSBw jährlich durchgeführten Bevölkerungsbefragung werden ausgewählte Variablen zu sicherheits- und verteidigungspolitischen Einstellungen der Bürgerinnen und Bürger in gleicher oder ähnlicher Form erhoben. Dies ermöglicht es, Aussagen über Stabilität und Veränderung der gemessenen Einstellungen zu treffen. Bei den einzelnen Erhebungen handelt es sich um Querschnittsuntersuchungen, d.h. die für die Studie relevanten Merkmale der interessierenden Grundgesamtheit wurden einmalig auf der Individualebene gemessen. Es handelt sich somit nicht um ein Paneldesign, in dem jedes Jahr dieselben Personen an der Befragung teilnehmen. Aus diesem Grund bleibt die Vergleichbarkeit der untersuchten Einstellungen im Rahmen der vorliegenden Trendanalyse auf die Aggregatebene beschränkt, d.h. Aussagen über mögliche Einstellungsveränderungen beziehen sich ausschließlich auf die Grundgesamtheit (die in Haushalten lebende Bevölkerung ab 16 Jahren; vgl. Abschnitt Repräsentativität).

Datenerhebungstechnik

Abhängig vom Erkenntnisinteresse und der interessierenden Grundgesamtheit können Umfragedaten mit unterschiedlichen Datenerhebungstechniken gewonnen werden, z.B. durch computergestützte persönliche oder telefonische Interviews oder durch von den Befragten selbstständig administrierte Befragungen (online oder mithilfe eines Papierfragebogens). Unterschiedliche Datenerhebungstechniken können zu unterschiedlichen Befragungsergebnissen führen (Felderer et al. 2019; Klausch et al. 2013; Schwarz et al. 1991). Alle diesem Bericht zugrunde liegenden Umfragedaten wurden – mit einer Ausnahme, die entsprechend ausgewiesen ist, – durch computergestützte persönliche Interviews (Computer Assisted Personal Interviews, CAPI) erhoben, was zur Vergleichbarkeit der Befragungsergebnisse auf der Aggregatebene beiträgt.

Repräsentativität

In den ausgewerteten ZMSBw-Bevölkerungsbefragungen wurde die Grundgesamtheit, d.h. alle Personen, die für die Analyse von Interesse sind und über die im Rahmen der

Untersuchung Aussagen getroffen werden sollen, definiert als die deutschsprachige und in Privathaushalten lebende Bevölkerung ab 16 Jahren in Deutschland. Da nicht alle Personen der Grundgesamtheit befragt werden können (Vollerhebung), wurde in jedem Befragungsjahr eine Stichprobe gezogen. Die Auswahl der Personen in der Stichprobe erfolgte in allen Erhebungsjahren zufällig, sodass jedes Element der Grundgesamtheit die gleiche Chance hatte, in die Stichprobe zu gelangen.

Um Rückschlüsse aus einer Stichprobe auf die Grundgesamtheit ziehen zu können, muss die Stichprobe die Grundgesamtheit bezüglich bestimmter relevanter Merkmale möglichst gut widerspiegeln. In der Markt- und Meinungsforschung werden meist soziodemografische Merkmale wie Alter, Geschlecht und Bildung verwendet, um den Grad der Repräsentativität zu bestimmen, weil die Verteilung dieser Merkmale in der Grundgesamtheit (durch den Mikrozensus oder die Volkszählung) bekannt ist. Oft wird Repräsentativität als gegeben angesehen, wenn die Stichprobe die Grundgesamtheit bezüglich dieser festgelegten Merkmale exakt abbildet.

Gewichtungen korrigieren mögliche Verzerrungen von Stichproben mit dem Ziel, dass sich die Stichprobe hinsichtlich ausgewählter Kriterien genauso zusammensetzt wie die Gesamtpopulation, aus der die Stichprobe gezogen wurde. Die Korrektur von Stichprobenfehlern konzentriert sich in der Praxis auf soziodemografische Variablen, da diese für die Gesamtpopulation exakt zu bestimmen sind. Durch Gewichtungen soll vermieden werden, dass die Unter- und Überrepräsentation von sozialstrukturellen Gruppen unter den Befragten zu verzerrten Befragungsergebnissen führt. Die Stichproben der ZMSBw-Bevölkerungsbefragungen wurden alle nach ausgewählten Merkmalen gewichtet und sind entsprechend repräsentativ für die definierte Grundgesamtheit.

Vergleichbarkeit der Fragen und Aussagen

Die Auswahl der konkreten Fragen und Aussagen zur Abdeckung der vorgegebenen Themen orientierte sich an der Vergleichbarkeit der Formulierungen der jeweiligen Fragen, Aussagen und Antwortmöglichkeiten sowie der Anzahl der jeweiligen Antwortoptionen. Um die Vergleichbarkeit der Befragungsergebnisse auf der Aggregatebene zu gewährleisten, müssen die ausgewählten Fragen und Aussagen (Items) in allen Untersuchungsjahren möglichst ähnlich und im besten Fall identisch formuliert sein. Auch die Formulierung der Antwortoptionen sowie deren Anzahl müssen gleich sein. Unterschiede in den entsprechenden Frage- und Antwortformulierungen (Schuman/Presser 1996) oder auch in der Anzahl der Antwortoptionen (Weijters et al. 2010) können die Befragungsergebnisse beeinflussen. Insbesondere das Vorhandensein bzw. die Abwesenheit einer „neutralen" Antwortoption („teils/teils") bzw. eines Mittelpunktes kann sich auf die Antwortverteilung auswirken (Garland 1991). Die vorliegende Analyse beschränkt sich auf Fragen und Aussagen mit einem hohen Grad der Vergleichbarkeit, d.h. die Fragen oder

Aussagen sind identisch oder nahezu identisch formuliert. Ebenso ist die Vergleichbarkeit der entsprechenden Antwortoptionen (Formulierung und Anzahl) gewährleistet.

Nicht berücksichtigt werden konnte ein weiterer Faktor, der die Vergleichbarkeit der Daten ebenfalls beeinflussen kann: die Platzierung der Fragen und Aussagen innerhalb des Fragebogens (vgl. Kalton/Schuman 1982; McFarland 1981). Zudem können einzelne Items Teil von größeren Fragebatterien sein, deren Zusammensetzung sich über die Jahre verändert hat – auch das kann die Antwortverteilung und die Befragungsergebnisse beeinflussen. In der Einstellungs- und Umfrageforschung werden diese Effekte als „Reihenfolgeeffekte“ oder als „Kontexteffekte“ diskutiert (vgl. Schwarz 1991; Sudman et al. 1997; Tourangeau/Rasinski 1988).

Befragungsergebnisse aus einzelnen Erhebungsjahren, in denen die Vergleichbarkeit der Messinstrumente zu den Vergleichsjahren nicht gegeben ist, wurden in der Analyse nicht berücksichtigt. Liegt eine eingeschränkte Vergleichbarkeit der Messinstrumente vor, sind die Ergebnisse entsprechend kenntlich gemacht. Sofern erforderlich, finden sich hierzu Anmerkungen unterhalb der Tabellen und Abbildungen.

Literaturverzeichnis

Biehl, Heiko (2021a): Haltungen der Bürgerinnen und Bürger zur Bundeswehr. In: Steinbrecher, Markus/Graf, Timo/Biehl, Heiko/Irrgang, Christina: Sicherheits- und verteidigungspolitisches Meinungsbild in der Bundesrepublik Deutschland. Ergebnisse und Analysen der Bevölkerungsbefragung 2020. Forschungsbericht 128. Potsdam: Zentrum für Militärgeschichte und Sozialwissenschaften, 123–149.

Biehl, Heiko (2021b): Einstellungen zu den Auslandseinsätzen der Bundeswehr. In: Steinbrecher, Markus/Graf, Timo/Biehl, Heiko/Irrgang, Christina: Sicherheits- und verteidigungspolitisches Meinungsbild in der Bundesrepublik Deutschland. Ergebnisse und Analysen der Bevölkerungsbefragung 2020. Forschungsbericht 128. Potsdam: Zentrum für Militärgeschichte und Sozialwissenschaften, 247–261.

BMVg – Bundesministerium der Verteidigung (2006): Weißbuch 2006. Zur Sicherheitspolitik Deutschlands und zur Zukunft der Bundeswehr. Berlin.

BMVg (2016): Weißbuch 2016. Zur Sicherheitspolitik und zur Zukunft der Bundeswehr. Berlin.

Die Welt (2013): Diesen Institutionen vertrauen die Deutschen, 6.2.2013 <https://www.welt.de/wirtschaft/article113432065/Diesen-Institutionen-vertrauen-die-Deutschen.html> [2.7.2019].

European Commission (2019): Standard Eurobarometer 91, Wave EB91.5. Public Opinion in the European Union. Annex. Brüssel.

Felderer, Barbara/Kirchner, Antje/Kreuter, Frauke (2019): The Effect of Survey Mode on Data Quality: Disentangling Nonresponse and Measurement Error Bias. In: Journal of Official Statistics 35: 1, 93–115.

Garland, Ron (1991): The Mid-Point on a Rating Scale: Is It Desirable? In: Marketing Bulletin 2, 66–70.

Graf, Timo (2020): Die öffentliche Meinung in der Bundesrepublik Deutschland zur Verteidigungszusammenarbeit in der Europäischen Union. Forschungsbericht 123. Potsdam: Zentrum für Militärgeschichte und Sozialwissenschaften der Bundeswehr.

Graf, Timo (2021): Einstellungen zum außen- und sicherheitspolitischen Engagements Deutschlands. In: Steinbrecher, Markus/Graf, Timo/Biehl, Heiko/Irrgang, Christina: Sicherheits- und verteidigungspolitisches Meinungsbild in der Bundesrepublik Deutschland. Ergebnisse und Analysen der Bevölkerungsbefragung 2020. Forschungsbericht 128. Potsdam: Zentrum für Militärgeschichte und Sozialwissenschaften, 48–73.

Fiske, Susan T./Taylor, Shelley E. (1984): Social Cognition: From Brains to Culture. Reading, MA: Addison-Wesley Publishers.

Hurwitz, Jon/Peffley, Mark (1987): How Are Foreign Policy Attitudes Structured? A Hierarchical Model. In: American Political Science Review 81: 4, 1099–1120.

Infratest dimap (2016): ARD-DeutschlandTREND Januar 2016. Eine Studie im Auftrag der tagesthemen <https://www.tagesschau.de/inland/deutschlandtrend-469.pdf> [2.7.2019].

Isernia, Pierangelo/Juhász, Zoltán/Rattinger, Hans (2002): Foreign Policy and the Rational Public in Comparative Perspective. In: Journal of Conflict Resolution 46: 2, 201–224.

Kalton, Graham/Schuman, Howard (1982): The Effect of the Question on Survey Responses: A Review. In: Journal of the Royal Statistical Society 145: 1, 42–57.

Klausch, Thomas/Hox, Joop J./Schouten, Barry (2013): Measurement Effects of Survey Mode on the Equivalence of Attitudinal Rating Scale Questions. In: Sociological Methods & Research 42: 3, 227–263.

Marktforschung.de (2020): Studie von Rogator. Diesen Institutionen vertrauen die Bürger während der Krisenzeit, 18.6.2020 <https://www.marktforschung.de/aktuelles/marktforschung/diesen-institutionen-vertrauen-die-buerger-waehrend-der-krisenzeit/> [21.9.2020].

McFarland, Sam G. (1981): Effects of Question Order on Survey Responses. In: Public Opinion Quarterly 45: 2, 208–215.

Page, Benjamin I./Shapiro, Robert Y. (1992): The Rational Public: Fifty Years of Trends in Americans' Policy Preferences. Chicago, IL: University of Chicago Press.

Presseportal (2020): Mediengruppe RTL Deutschland. RTL/N-tv Trendbarometer. Forsa-Aktuell: Institutionen-Ranking: Ärzte und Polizei auf den ersten Plätzen – Vertrauen zu Ärzten in der Corona-Krise besonders stark gestiegen, 10.6.2020 <https://www.presseportal.de/pm/72183/4619512> [21.9.2020].

Schuman, Howard/Presser, Stanley (1996): Questions and Answers in Attitude Surveys: Experiments on Question Form, Wording, and Context. Thousand Oaks, CA: Sage Publications.

Schwarz, Norbert (1991): In welcher Reihenfolge fragen? Kontexteffekte in standardisierten Befragungen. ZUMA-Arbeitsbericht Nr. 1991/16. Mannheim: Zentrum für Umfragen, Methoden und Analysen (ZUMA) <https://nbn-resolving.org/urn:nbn:de:0168-ssoar-68996>.

Schwarz, Norbert/Strack, Fritz/Hippler, Hans-J./Bishop, George (1991): The Impact of Administration Mode on Response Effects in Survey Measurement. In: Applied Cognitive Psychology 5: 3, 193–212.

Shapiro, Robert Y./Page, Benjamin I. (1988): Foreign Policy and the Rational Public. In: Journal of Conflict Resolution 32: 2, 211–247.

Steinbrecher, Markus (2017): Wahrnehmung der Bundeswehr in der Öffentlichkeit. In: Steinbrecher, Markus/Biehl, Heiko/Rothbart, Chariklia: Sicherheits- und verteidigungspolitisches Meinungsbild in der Bundesrepublik Deutschland. Ergebnisse und Analysen der Bevölkerungsbefragung 2017. Forschungsbericht 117. Potsdam: Zentrum für Militärgeschichte und Sozialwissenschaften der Bundeswehr, 78–98.

Steinbrecher, Markus (2021): Einstellungen zur Höhe der Verteidigungsausgaben, zum Personalumfang der Bundeswehr und zu bewaffneten Drohnen. In: Steinbrecher, Markus/Graf, Timo/Biehl, Heiko/Irrgang, Christina: Sicherheits- und verteidigungspolitisches Meinungsbild in der Bundesrepublik Deutschland. Ergebnisse und Analysen der Bevölkerungsbefragung 2020. Forschungsbericht 128. Potsdam: Zentrum für Militärgeschichte und Sozialwissenschaften, 201–225.

Steinbrecher, Markus/Irrgang, Christina (2021): Wahrnehmung der Bundeswehr in der Öffentlichkeit. In: Steinbrecher, Markus/Graf, Timo/Biehl, Heiko/Irrgang, Christina: Sicherheits- und verteidigungspolitisches Meinungsbild in der Bundesrepublik Deutschland. Ergebnisse und Analysen der Bevölkerungsbefragung 2020. Forschungsbericht 128. Potsdam: Zentrum für Militärgeschichte und Sozialwissenschaften, 150–163.

Sudman, Seymour/Bradburn, Norman/Schwarz, Norbert (1997): Thinking about Answers: The Application of Cognitive Processes to Survey Methodology. San Francisco, CA: Jossey-Bass.

Tourangeau, Roger/Rasinski, Kenneth A. (1988): Cognitive Processes Underlying Context Effects in Attitude Measurement. In: Psychological Bulletin 103: 3, 299–314.

Weijters, Bert/Cabooter, Elke/Schillewaert, Niels (2010): The Effect of Rating Scale Format on Response Style: The Number of Response Categories and Response Category Labels. In: International Journal of Research in Marketing 27: 3, 236–247.

Wlezien, Christopher (1995): The Public as Thermostat: Dynamics of Preferences for Spending. In: American Journal of Political Science 39: 4, 981–1000.